国家破産ではなく国民破産だ! 上

Not National Bankruptcy,
but Citizen Bankruptcy!

浅井 隆

第二海援隊

プロローグ

借金を重ねる政府の行為は、火を火で消そうとするようなものだ

トーマス・セドラチェク（チェコの経済専門家）

日本国政府は破産しない。破産するのは日本の国民だ！

日本国政府の借金が、この瞬間もすさまじい勢いで増えている。

そしてついに二〇二三年三月、中央政府（国）の借金だけで一二七〇兆円に到達し、地方自治体の二〇〇兆も合わせると一四七〇兆円という、目もくらむような高みに達した。

この借金が国内総生産（ＧＤＰ）に占める比率は、実に二六二％という驚愕《きょうがく》の数字になる。あの太平洋戦争末期の昭和一九年（一九四四年）でさえ、二〇四％であった。現在の日本国政府の借金は、異常かつ持続不可能なものであり、すでに限界に近付きつつある。

しかも、その借金の大半を占める日本国債の半分以上を、中央銀行である日銀が買い占めており、すべてのリスクは日銀に集中し始めている。それが歴史的に見てもどれほど異常なものかは、第三章一八四～一八五ページの図を見ていただきたいが、ＧＤＰ（当時はＧＮＥしかなかったのでそれで統一）比による日銀の国債保有率は、昭和恐慌後に国債を刷って景気対策を行なった高橋是清のリフレ対策時でも五〜六％程度、そして敗戦直後の大混乱（預金封鎖、財産税、新円切換、ハイパーインフレ）時でさえ二〇％弱である。

それに対して、現在の日銀の国債保有比率は、一〇〇％ほどである。しかも、金利を押さえ付けるためにどんどん国債を買い増ししている。もはや、植田日銀と言えどもやりようがないのだ。日銀は国債を売ることもできないし、出口そのものが存在しないのだ。

その日銀関係者から、驚くべき発言を私は直かに聞いてしまった——「理論上は日銀は円を刷っていくらでも国債を買えるので、日銀自体は大丈夫です。国（政府）も破綻はしません。破綻するのは〝国民の生活〟ですよ」。

皆さんは、これですべてのカラクリと結末がわかったはずだ。政府はどうしようもなくなれば、国民にその借金を転嫁して、つまり国民の財産と政府の借金を相殺してゾンビのように生き残り、国民だけが塗炭《とたん》の苦しみを味わうのだ。

そして、最後に日銀関係者は私にトドメの一撃を言い放った——「敗戦直後の混乱だってあの程度のものですんだわけですし。しかも、五年で終わりましたからね」。彼らは、国民の生活のことなど何も考えてはいない。当時の日本人は、あの五年のドサクサですべての財産を失ったのだ。

というわけで、結論はすでに出ている。

財政が破綻しても、政府は生き残る。そして国民は全財産を国に奪われ、地獄の生活を送らざるを得ないというわけだ。

ならば、私たちも知恵と勇気を振りしぼって、生き残りの方策を模索しよう。本書は、そうした皆さんを応援する書である。

二〇二三年七月吉日

浅井　隆

第二章　国家破産の歴史
――国民はいかにひどい目に遭ってきたか（下）

第三章　日銀発、国家破産――円は紙キレに

第一章　国家破産の歴史

——国民はいかにひどい目に遭ってきたか（上）

政治のあらゆる段階に人気取りが横行する
それは結局国民の負担となり、
ひいては政治の腐敗、道義の低下を助長するのである

吉田茂

今こそ国家破産の歴史に学ぶ時だ‼

「私を驚かせたことは、私が生きている間に起こらなかったから驚いただけで、歴史上では何度も起こっている」（フォーブス二〇二三年六月一五日付）——世界最大のヘッジファンド運営会社ブリッジウォーター・アソシエイツの創業者で、二〇二二年に引退したレイ・ダリオ氏は、二〇二三年六月一二日にニューヨークで開催されたフォーブス誌が主催した「アイコノクラスト・サミット」で、自身の投資が成功した理由が〝歴史の研究〟にあると語った。

「愚者は経験に学び、賢者は歴史に学ぶ」という人生の格言がある。これは、かつてのドイツ宰相オットー・フォン・ビスマルクが残したものだと言われているが、ビスマルクの言葉を直訳すると「愚か者だけが自分の経験から学ぶと信じている。私ならむしろ他者の経験から学んで、最初から失敗しないようにする」となる。

私たち日本人は、今こそ歴史から学ぶ時である。何を学ぶのかというと、それは「国家破産の歴史」だ。冒頭のダリオ氏が指摘しているが、今が長寿の時代といっても人の寿命などたかだか一〇〇年くらいのものである。その間に経験できることなど、壮大な歴史のスケールと比べればほんのわずかなものに過ぎない。

戦後およそ七五年もの間、大地震や大津波といった自然災害を除くと日本は、戦争や極端なインフレといった有事を経験していない。そのためか、多くの日本人が平和ボケしていると私は感じている。私は来年で七〇歳になるが、私の父の世代を最後に本格的な国難（有事）を経験した日本人は存在しない。

それゆえ、私が講演会や書籍でいくら「国家破産」の危険性を叫ぼうとも、ほとんどの人が『国家破産』などという極端な事象と現代の日本は無縁なのでは？」と漠然と安心しきっている。「そんなことが、経済大国となった現在の日本で起こるはずがない」というわけだ。

戦後の日本は、安全保障のほとんどをアメリカに委ねることで〝エコノミック・アニマル〟として邁進《まいしん》することができ、結果として太平の世を謳歌《おうか》してきた。一時はアメリカをしのぐほどの経済規模を誇るに至り、このことは間違いなく称賛に値する。

しかし、バブルが崩壊してからは「失われた三〇年」（超長期停滞）に直面し、その間に天文学的な政府債務残高を積み上げてきたことも事実だ。財務省によると、国債と借入金、それに政府短期証券を合わせた政府の債務、いわゆる〝国の借金〟は、二〇二二年度末の時点で一二七〇兆四九九〇億円と、七年連続で過去最大を更新している。同省によれば、政府債務は二〇二三年度末には一四四一兆三七六二億円となる見込みだ。

確かに、「経験したことがないのだから、想像できるはずもない」という言い分にも一理ある。しかし、このような経験則こそ戒《いまし》めるべきだ。今こそ歴史に学び、想像力を働かせなくてはならない。たかだか七〇、八〇年生きたくらいで、過去にこの世で起きてきたすべてのことを経験した気になど、なってはいけないのだ。

歴史に目を向けると、私たち現代の日本人が経験してこなかったことなど、山のようにある。何より恐ろしい事実は、「国家破産」という極端な事象も、歴史的にはそこまで珍しい出来事ではないという点だ。

「栄枯盛衰」という言葉の通り、かつてよほどの栄華を誇った王朝や帝国でも、結局は制度疲労に直面し歴史に葬り去られている。かのローマ帝国も、ペルシャ王朝も、江戸幕府も、最後は似たような歴史をたどった。冷静に考えればわかるが、永遠に健全な財政を保てる為政者など存在せず、制度疲労に伴って必ずと言っていいほど〝徳政令〟のようなことが実施されている。

私は、そのタイミングに現在の日本政府も達しつつあると、本書を通じて強く警告したい。というのも、明治維新からの日本の歴史には、明確なまでに「四〇年周期」というものが確認できる。そのため、前回のピークであった一九八五年から四〇年後の二〇二五年前後には、特段の注意が必要なのだ。率直に言って、財政破綻に直面する恐れがある。

国家とは、言わば「財政」と同義であり、歴史上、発行体（国家）の信用リ

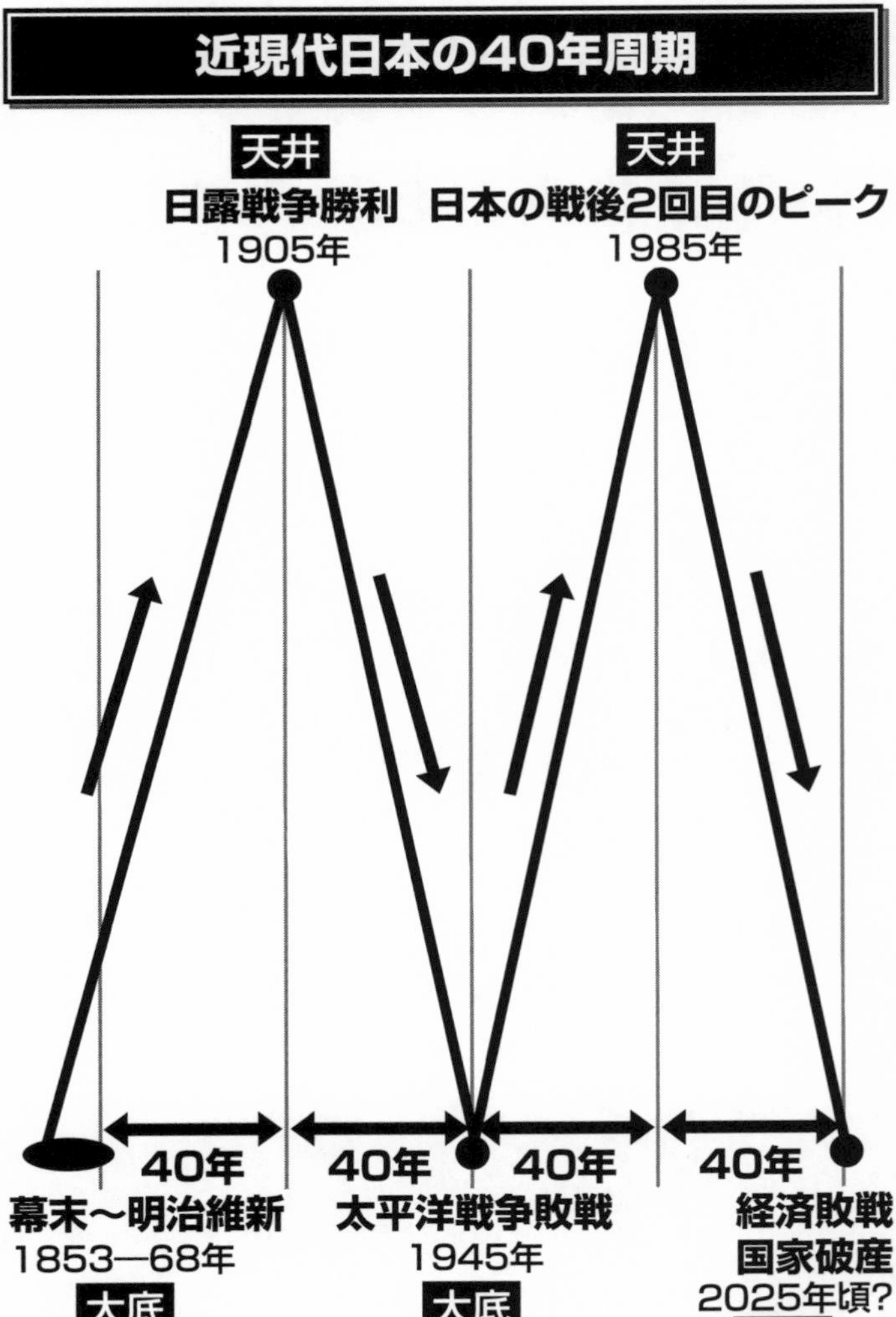
近現代日本の40年周期
天井
日露戦争勝利
1905年
天井
日本の戦後2回目のピーク
1985年
40年
40年
40年
40年
幕末〜明治維新
1853—68年
大底
太平洋戦争敗戦
1945年
大底
経済敗戦
国家破産
2025年頃?
大底

スクにのみ価値を裏付けられたフィアット・マネー（不換紙幣）は、すべて紙キレと化してきた。現代でも通用する歴史上のお金（不換紙幣）が存在しないということが、その何よりの証拠と言える。

一八世紀のフランスの蔵相、アベー・テレは「政府は少なくとも一〇〇年に一度は、財政均衡を回復するためにデフォルトを起こさなければならない」という有名な言葉を残した。まさに、財政破綻が極端な事象ではなく、あくまで周期的なトレンドなのだと喝破《かっぱ》している。

そして、政府がデフォルトする際、最も大きな被害を受けるのが国民だ。この〝常識〟はいつの世でも変わらない。たとえば、江戸時代には「御用金《ごようきん》」と呼ばれた実質的な徳政令（為政者による借金の踏み倒し）が幾度となく発動されている。時代劇などで御用金の存在を知っている人もいるかもしれないが、一般的に御用金とは「幕府や諸藩が財政上の不足を補うために御用商人や町人から臨時に借用した金銀」と説明されるが、これはあくまでも建前だ。そもそも御用金なぜなら、御用金のほとんどは返済されなかったのである。

は、貸し手に払う利息が年二〜三％という、借り手にとって圧倒的に有利な条件であった。しかし、その薄っぺらい利息どころか元金すら返済されないケースが多発していたのである。そのため御用金は、商人や町人から最も恐れられた措置であった。

御用金は、最も古い記録で一七六一年（宝暦一一年）に発令され、代表的なものだけで一八〇六年（文化三年）、一八〇九年、一八一三年、一八三七年（天保八年）、一八三九年、一八四三年、一八五三年（嘉永六年）、一八五四年（安政元年）、一八六〇年（万延元年）、一八六四年（元治元年）、一八六五年（慶応元年）、一八六六年に発令されている。幕府の財政が悪化し続けた幕末にかけては、頻繁に発令された。

現代を生きる日本人からすれば、〝御用金〟と聞いても時代劇の中だけの出来事だと思うかもしれない。しかし、江戸幕府も現在の日本政府も徴税権を強力に行使できる存在だということに変わりはなく、彼らは「ない袖は振れぬ」という状況に追い込まれれば、間違いなく徴税を強化するか、平気で借金を踏み倒すことだろう。

そもそも、為政者には良い悪いに関係なく、あるところから税を徴収し、それを改めて広く国民に分配する機能が備わっているが、それは時に極端な方法になりがちだ。私の分析では、現在の日本政府は抗《あらが》いがたい水準の制度疲労に達している。そのため、たとえ為政者に悪気はなくとも、いずれは御用金のような徳政令を発動するはずだ。いや、発動せざるを得ない。

断言しよう。もはや時間の問題と言ってよい。繰り返し強調するが、だからこそ私たちは国家破産の歴史に学び、準備を急ぐべきだ。事前に対策を講じたか否かで、二〇二五年以降のあなたの生活に天と地ほどの差が生じるだろう。

古代ギリシャに始まり、あのローマ帝国もデフォルトした

現在、西欧で確認されている最古のデフォルト（債務不履行）は、紀元前三七七年のギリシャで、それ以来、現在までに多くの国がデフォルトしている。

貨幣価値の信認低下による極端なインフレを事実上のデフォルトと定義すれば、あの古代ローマ帝国でさえもデフォルトの悪夢からは逃れられなかった。

なぜローマ帝国が滅《ほろ》んだかについては諸説あるが、様々な意見を集約すると次の三つの理由で滅んだと考えられる。まず、ゲルマン民族の侵入に対応するための軍備増強（主に兵士の増員）に起因した「歳出増」。次に気候変動による作物の不作、すなわち「歳入減」。最後に「貨幣の改悪」（銀含有量減）が挙げられる。これらの複合的な要因によって、滅亡期のローマ帝国は激しいスタグフレーション（不況下のインフレ）に見舞われていたという記録が残っている。

ところで、四世紀から五世紀にかけてゲルマン民族がローマ帝国の領土に侵入した直接的な原因は、フン族の東ヨーロッパと中央ヨーロッパへの侵入であった。これが、ローマ帝国の崩壊につながった最初の危機であったとされている。しかし、このフン族がどこからやってきたのかは、今なおわかっていない。有力な説の一つに、モンゴル高原を中心に活躍した匈奴《きょうど》の残党であったというものがある。

匈奴とは、中国の秦や漢を脅かした遊牧騎馬民族で、西暦四八年に南北に分裂し、南匈奴は次第に中国化したが北匈奴は中国化せず、たびたび中国を脅かしていた。しかし、西暦九一年には後漢・南匈奴の連合軍に敗れ、モンゴル高原における匈奴の国家は滅亡してしまう。その残党の一部が西方に逃れ、フン族になったのではないかというわけだ。真相は藪《やぶ》の中だが、私が心酔する「八〇〇年周期説」（およそ八〇〇年を周期として東洋と西洋の隆盛が交代するという説）からしても、その可能性が高いのではないかと思われる。

中国からユーラシア大陸を西へと移動してきたフン族は、農耕と牧畜を行きつ戻りつしていたが、ローマ帝国のドナウ川辺境地域での深刻な干ばつに直面して暴力的な略奪者になった、とする研究がこのたび発表された。近年、多くの研究者が古木の年輪を調べた結果、三世紀に極端な乾燥天候が訪れたことがわかっている。

スイスやドイツ、オーストリア、アメリカの国際研究チームは以前、気候変動がローマ帝国の興隆と衰退の要因の一つだったという論文を科学専門誌サイエンスに発表した。この研究チームは、古木の年輪を過去の各種分析よりさらに一〇〇〇年も遡《さかのぼ》って調査した結果、「ローマ帝国と中世の繁栄期は、夏は温暖で雨がちだった」（ロイター二〇一一年一月一四日付）ことが判明したとしている。また「紀元二五〇年から六〇〇年まで気象が大きく変動したが、これは西ローマ帝国の崩壊と移民に伴う混乱（ゲルマン民族の大移動など）の時期に呼応している」（同前）とした。

「気候変動」と「異民族の侵入」によって、ローマ帝国は劇的な歳出増に見舞われたのだが、これを賄うために硬貨を改鋳《かいちゅう》して貨幣供給量を増やしたことが記録されている。ローマ帝国では、紀元前三〇〇年頃に硬貨の鋳造《ちゅうぞう》が始まった。ローマ帝国の有名な「銀貨デナリウス」の銀の含有量は、当初こそ一〇〇％であったが繰り返し改鋳が行なわれ、西暦二七〇年に鋳造された「銀貨アントニニアヌス」には、銀の含有量がわずか二・五％しかなかったという。

三世紀末にもなると、ローマ帝国では〝物々交換〟などが主流となり、西暦二八〇～二九〇年の一〇年間は、かつてのワイマール共和国（第一次世界大戦後のドイツ）が経験したような猛烈なハイパーインフレに見舞われていたとする研究者もいる。二〇一九年一一月二五日付のフィナンシャル・タイムズは、以下のように伝えた――「急激な通貨安の過去の実験には、三世紀終わりのローマ帝国や、大戦間のドイツのワイマール共和国、ジンバブエなどがある」。

さて、ローマ帝国をも苦しめた「歳出増」「歳入減」「貨幣の改悪」というトレンドは、まさに現代にも共通するのではないか。多くの先進国が、社会保障費や軍事費の増大（歳出増）、慢性的な低成長（歳入減）、金融緩和の長期化（貨幣の改悪）に直面している。これが行き着く先は、デフォルトかハイパーインフレのどちらかだ。

頑《かたく》なに「日本政府は破綻しない」と信じる人々もいるが、それは歴史を顧みない無知ゆえのことである。巷でよく囁《ささや》かれている「自国通貨建ての債務は不履行にならない」という言説も、破綻の定義をデフォルト（債務不履行）のみに限定し、インフレの猛威を破綻ではないと都合よく言い換えているだけだ。

イギリスの財務官であったトマス・グレシャム（一五一九～七九年）が提言

した経済に関する法則で、「悪貨が良貨を駆逐《くちく》する」（グレシャムの法則）というものがある。これは、一つの社会で名目上の価値が等しく、実質上の価値が異なる貨幣が同時に流通すると、良貨はしまい込まれて市場から姿を消し、悪貨だけが流通するというものだ。

このグレシャムの法則は、ローマ帝国でも実際に幾度も確認されている。先ほど、西暦二七〇年のローマ帝国で鋳造された「銀貨アントニニアヌス」には銀の含有量がわずか二・五％しかなかったと述べたが、このように改鋳が繰り返される過程では、市民は銀の含有量が多い古い通貨を保存する。よって、社会から良貨が駆逐されてしまうのだ。

こうなると、銀の含有量が少ない通貨は徐々に信用力をなくす。市民の間では物々交換が横行、商売人は通貨の価値低下を補うためにモノの価格を引き上げる。その結果として、インフレ高進だ。

「ローマ帝国が崩壊したころ、裕福なローマ人の家族が自宅の敷地内に埋めた金貨は、今も価値がある。ほぼ間違いなく、今も当時と変わらないくらい価値がある。金を価値の基準として用いることが可能な理由は、こうした安定性にある」（フォーブス二〇一七年九月二九日付）。こうした現象は、ローマ帝国の例に限らず歴史上ありとあらゆる場所で生じている。

そして、近い将来の日本でも「グレシャムの法則」は起こるだろう（いや、すでに始まっていると言って差し支えないかもしれない）。第一生命経済研究所の経済調査部で主席エコノミストを務める熊野英生氏は、以前次のように日本がはまりつつある財政ファイナンスの危険性を説いた。

江戸時代には、幕府が小判の金の含有量を減らして流通させ、財源不足を補おうとすることがあった。庶民は、品質が劣化した小判が流通することを知ると、手元に金の含有量費の高い小判を置き、品位の落ちた小判を率先して手放した。これが、「悪貨が良貨を駆逐する」という現象である。現代においても、日銀の国債引受けが行われると、同じように「悪貨が良貨を駆逐する」現象が起こるだろう。個人は円

を信用しなくなり、資産保全のために率先して外貨を保有しようとする。キャピタル・フライト（資産逃避）である。
（ダイヤモンド・オンライン二〇一二年四月四日付）

これは余談だが、英語のマネー（money）の語源となったのはラテン語のモネータ（moneta）で、紀元前のローマで女神「ユーノー・モネータ」を祭る神殿に貨幣鋳造所が併設されていたことに由来する。そこには「警告する者」「忠告する者」の意味があるとされるが、これはもしかするとローマ帝国が崩壊した後も何度も繰り返されてきた為政者による通貨の乱発（通貨価値の切り下げ）に対して警告を発しているのかもしれない。

「世界の経済状況と先進国の財政状況をつぶさに見ると、壮大なリセットのようなことをせざるを得ない時期にきているとしか思えない」——私が過去二度にわたってインタビューしたことがあるヘイマン・キャピタル・マネジメントのカイル・バス代表は、かねてから先進国の政府債務問題に警鐘を鳴らしている。バス氏に言わせると、先進国の債務問題に解はなく、いずれかの時点で深刻な危機を引き起こすと断じている。

その際、最も大きな被害に遭《あ》うのは国民だということを肝に銘じておきたい。

ちなみにバス氏は、マイケル・ルイス氏の大ヒット小説『ブーメラン　欧州から恐慌が返ってくる』に実在の人物として登場しているのだが、著者のルイス氏は、バス氏が将来的なインフレに向けて五セント硬貨（ニッケル）を備蓄していることを紹介して大きな話題となった。

当時、バス氏は一〇〇万ドルで二〇〇〇万枚の五セント硬貨を購入したという。その当時の五セント硬貨のニッケルの価値は六・八セントと、金属としての価値が硬貨の額面を上回っていた。バス氏は、その後も金属の相場が上昇またはは高止まりすると考えていたようで、二〇一九年にも五セント備蓄を継続していると語っている。

「コンチネンタル・ドル」と「法幣《ほうへい》」がたどった結末

皆さんは「インフレーション」の語源をご存じだろうか？　実は、「インフレーション」（通貨の膨張、物価の上昇）という言葉が用いられるようになったのは、アメリカの南北戦争（一八六一〜六五年）の際に米財務省が発行したグリーンバックス（裏面が緑色のドル紙幣）が価値を失ったことがきっかけだとされ、ラテン語の「膨らませる」（inflare）が語源である。

南北戦争の時、アメリカでは北部も南部も戦費を調達するために政府紙幣の発行を余儀なくされ、その結果として南北共に高率のインフレが発生した。北部のインフレ率は最高でも八〇％と、いわゆるハイパーインフレこそ免れたものの、南部では一時的に月間のインフレ率が七〇〇％に達したとされている。

北部がハイパーインフレを免れたのは、戦争に勝利し、紙幣本位制から金本位制に復帰したためだ。対する南部は、特産品である綿花を政府紙幣の担保にして価値を維持しようとしたが、敗戦によって北軍が綿花を焼き払ったことからひどいインフレに発展したとされる。

アメリカは、それ以前にも独立戦争（一七七五〜八三年）の際に「コンチネンタル・ドル」という政府紙幣を発行してハイパーインフレを味わった。この時も戦費を賄うための一時的な処置（金本位制からの脱却）として財政ファイナンスを発動したが、歳出が膨らみ続けたために紙幣の増刷が止まず、国民が徐々に金《きん》や銀を志向し始めたことから、政府紙幣は最終的に紙キレと化したのである。

国家破産の歴史を紐解《ひもと》くと、俗に〝ハイパーインフレ〟と呼ばれる極端な事象は、政府の恣《し》意的な貨幣政策の帰結として起きている場合が多い。というより、ほぼそうだ。過去には供給不足によるインフレもたびたび起きているが、先のオイルショックを除けばインフレ率が三桁くらいにまで高まった例はほとんどない。通貨の信認が喪失された場合こそが、本当に危険なのだ。そして、国民が甚大な被害を受ける。

「インフレは、常に、そしてどこででも政治的な現象である」――プリンストン大学で歴史学の教授を務めるホラルド・ジェームズ氏は、ミルトン・フリードマンが残した言葉をこのように言い換えたが、まさにこれこそが国家破産の〝本質〟だ。

商品による価値の裏付けをせず、発行体の信用リスクだけで発行される「不換紙幣」が世界で初めて流通したのは一一六〇年のことで、場所は宋（中国）とされる。初の不換紙幣という試みは「会子《かいし》」と呼ばれたが、最終的にはインフレという結末を迎えた。大量に発行し過ぎたのが原因である。それ以来、中国では数多くの不換紙幣が価値を失ってきた。最近では「法幣」の事例が有名である。以下、中国の銀本位制を終了させたが、最終的にハイパーインフレを誘発する原因となった法幣について見てみよう。

中国、上海市――広く知られているように、今では二四〇〇万人という人口を擁するこのメガシティにはかつて、租界《そかい》（外国人居留）地区が乱立していた。一八四二年の南京条約（大英帝国と清朝がアヘン戦争を終結させるために結んだ講和条約）によって上海は西欧列強から強制的に開港を余儀なくされ、それと同時に市内にはイギリス、アメリカ、フランスの租界地区が設けられることとなる。その後、英米と日本による共同租界、フランス租界に再編された。現在、これらの旧租界地域は当時の面影を残す貴重な観光資源として地元民や駐在員から愛されている。

租界ができた直接的なきっかけがアヘン戦争での敗北にあることから、上海人が旧租界地域に対してネガティブなイメージを持っているかというと、決してそうではない。なぜなら、租界の存在こそが上海を中国随一の商業都市へ変貌させたということを理解しているからだ。実際、租界地区ができた後の上海は急速な発展を遂げる。英米仏と日本が共同で統治し、軍隊までも駐留させた上海は、内乱が頻発していたほかの地域に比べると天国のような地域となった。最盛期にはイギリスのドッグレース、アメリカの映画、フランスのファッションなどの文化が流入し、「東洋のパリ」とまで呼ばれるようになる。

しかし、そんな上海の栄華も永遠に続くものではなかった。一九三七年に勃発した日中戦争を皮切りに、中華人民共和国が成立する一九四九年までの間、上海は相当に過酷な状況に置かれたのである。その代表例が、上海を席巻したハイパーインフレだ。

その貴重な資料が、旧フランス租界に位置する中国工商銀行の博物館に眠っている。この旧フランス租界というエリアは昨今、上海ではナンバーワンのファッション・ストリートに変貌した。中でも有名な地域が新天地なのだが、かつては住宅地であった同エリアは現在、北里と南里にわかれ、石庫門《せきこもん》造りの老房子《ラオファンズ》（フランス租界地域に建てられた住宅）の隙間を縫うように大小の高級ブティックが集う。ここは連日、昼夜を問わず大賑わいだ。物価も高く、日本で言うところの六本木や麻布に相当する。新天地は、現在の中国共産党が創立された場所としても有名だ。

銀行博物館は、そんな新天地の一角にある。この博物館では、実際に使われた貨幣などおよそ二万点の資料が収容されており、一九世紀から現在に至るまでの上海の金融の歴史を学べる貴重な場だ。

ここからが本題なのだが、この博物館の展示物の中に「六〇億元札」なるものがある。三五ページの写真を参照していただきたい。これは、国共内戦時に蔣介石率いる国民党が発行したプリンティング・マネー（不換紙幣）だ。そして驚くべきことに、当時の最高紙幣であるこの「六〇億元」で買えたものは、「七〇粒ほどの米」だったと記されている。

「戦後のハイパーインフレ」と聞くと、日本のケースを想像される人も多いと思うが、中国では日本のそれ以上に激しいインフレが起きていたのだ。詳しい統計は残されていないが、一九三七年から一九四八年にまでに上海の物価は、およそ一〇兆倍になったとされる。そのピーク時に発行されたのが、六〇億元札というわけだ。

中華民国が初めて中央銀行を設置したのは一九二八年であったが、一九三七年七月からの日中戦争とそれに続く国共内戦のため、国民党政府は戦費を賄うために大量に紙幣を発行する。日中戦争が勃発した際に流通していたお金の総量（マネーサプライ）は三六億圓《えん》だったが、太平洋戦争が始まった一九四一年

国民党が発行した「60 億元札」。右のレンゲに入っている米とほとんど同価値しかなくなった。

一二月には二二八億圓まで膨張した。続く国共内戦では紙幣のさらなる増刷を余儀なくされ、マネーサプライは一九四六年末までに九兆一八一六億圓、一九四七年一二月までに六〇兆九六五五億圓、一九四八年七月には三九九兆九一六億圓にまで拡大している。

「法幣」とは対照的に、これらの過程で徐々に信用力を勝ち取って行ったのが、中国共産党の発行した「辺幣《へんぺい》」だ。この辺幣は、国共内戦を経て最終的に人民元となる通貨である。ちなみに法幣は、一九三七年六月の一ドル＝三・四一圓から一九四九年五月には一ドル＝二三二八万圓まで暴落した。文字通り〝紙キレ〟と化した法幣は、最終的に製紙会社で紙として使用されるに至った。

ドイツ・マルクとハンガリー・ペンゲーの悲劇

中国は一一世紀に「飛銭《ひせん》」と呼ばれる紙幣を発明した。欧州がこれに追い付くのは六〇〇年後のことだ。スウェーデンのストックホルム銀行は一六六一年、欧州大陸初の紙幣を発行した。

紙幣の誕生は、どの国でも共通のパターンをたどってきた。当初は、貴金属と交換可能だ。しかし政府はやがて、簡単に製造できる現金によって支出を賄う誘惑に抗い切れなくなる。危機の際にはなおさらだ。紙幣の発行が本格化すると、交換権は例外なく停止された。

当初は、多くの人々が紙幣発行の利点を感じる。しかし経済歴史学者のペーター・ベルンホルツ氏によると、「インフレなき強い成長という黄金期」はせいぜい一年かそこらしか続かない。物価が上昇し始めると紙幣は熱々のポテトと化し、放り出した時にはもう火傷を負った後だ。通貨の流通が速まり、インフレ圧力は増す一方、人々は紙幣をもっと安全な価値貯蔵手段に交換するか、貯蓄を国外に持ち出そうとする。

こうした状況に対する政府の典型的な対応は、紙幣に代わる資産の禁止か、交換の統制だ。たとえば明王朝の皇帝は一三九四年、銅銭を使用、または貯蓄した者に罰金や禁錮の刑を科した。同様に、スコットランド出身の実業家ジョン・ローは一七一九年にフランスに紙幣を導入した直後、金の所有と輸出を禁じた。こうした強制的な措置は、例外なく失敗する。

最終的に紙幣の信用は失墜し、誰も受け取らなくなる。インフレが燃えさかる時には、グレシャムの法則とは逆の現象が起こる。「良貨が悪貨を駆逐する」のだ。人々は代替通貨を使うか、物々交換へと走る。ワイマール共和国で起きたハイパーインフレ末期には、多くの取引が外貨で行われた。

労働者は賃金の上昇が物価の上昇に追い付かず、年金生活者は貯蓄が吹き飛ぶ。そうして無数の人々がインフレの恐怖を味わった末に、ドイツでは通貨改革を求める合意が生まれた。

しかし政府は国民の信頼を失っていたため、代替通貨の発行は、中央銀行が財政赤字をファイナンスするのを防ぐ「基本法」とセットになった。かくして一九二三年一一月に新通貨「レンテンマルク」が誕生し、ドイツにおけるハイパーインフレの悪夢は終結した。

（ロイター二〇二一年五月一一日付）

少し長い引用となったが、記事の最後の方に出てくるワイマール共和国（ドイツ）を席巻したハイパーインフレの遠因は、第一次世界大戦の戦費を国債で調達したことに遡る。

ドイツが敗戦後に巨額の賠償金を払えなかったことを理由に、ドイツに対し最も強硬な態度を取っていたフランスがベルギーと共に、ドイツの石炭・鉄鋼の生産拠点であったルール地方に進駐した。この時、ドイツの労働者はストライキで対抗し、ドイツ政府が紙幣増刷で給与を補填したことから、インフレが加速したと言われている。

一九二二年前半には一ドル＝約三二〇マルクだったのが、一九二三年一月のルール占領からマルクは大暴落し、一九二三年一一月には一ドル＝四兆二一〇五億マルクまで下落した。ピーク時には、実に物価が一兆倍（対一九一八年比）になるというハイパーインフレを経験したとされる。ある批評家が、数億マルクの紙幣をポケットいっぱいに詰め込み劇場に向かったが、チケット売り場に着く前に物価が上がり最も安い席の券すら買えなくなっていた、といった冗談のようなことも実際に起こっていたそうだ。

このハイパーインフレで最も経済的な打撃を受けたのが、中間層である（この事実は、いつの時代も変わらない）。長年かけて蓄えたお金を失う人が続出、生活が困窮《こんきゅう》する過程で多くの人が右傾化し、これが後のナチス（ヒトラー）誕生につながった。

このドイツのハイパーインフレは、一九二三年に「レンテンマルク」という土地を担保にした新しい紙幣が導入されたことでようやく沈静化したが、不幸なことにドイツは第二次世界大戦後もハイパーインフレを経験している。

このドイツよりも激しいインフレに直面したのが、ハンガリーだ。かつてのハンガリーでは、ギネスブックにも登録されている史上最も高額な紙幣が登場

紙キレになったドイツ・マルクの札束で遊ぶ子供たち。
（写真提供：Ullstein bild/ アフロ）

している。一九四六年に同国で発行された、一垓《がい》ハンガリー・ペンゲーだ。これは一〇の二〇乗、つまりゼロが二〇個も並ぶ紙幣である（なんと一〇垓ハンガリー・ペンゲーも印刷されたが、発行までには至っていない）。ちなみに一垓ハンガリー・ペンゲーの実質的な価値は、〇・二ドルに過ぎなかったとされる。

　ハンガリーは第一次世界大戦後にハイパーインフレを経験し、一九二五年に新たな通貨であるハンガリー・ペンゲーが導入された。このハンガリー・ペンゲーは兌換《だかん》通貨（三八〇〇ハンガリー・ペンゲーで一キログラム相当の金《きん》と交換できた）であったことから価値が安定。一九二九年の大恐慌くらいまでは周辺国の中でも最も価値が安定した通貨であったという。しかし、第二次世界大戦で敗北し、その復興を紙幣の増刷で賄ったためにインフレが高進した。

　一九四五年五月一日の郵便料金は一ハンガリー・ペンゲーであったが、七月一日には三ハンガリー・ペンゲー、翌一九四六年一月には六〇〇ハンガリー・ペンゲーに達し、その後も三月には二万ハンガリー・ペンゲー、五月に二〇〇万ハンガリー・ペンゲー、七月には四〇兆ハンガリー・ペンゲーまでインフレが進んでいる。ピーク時のインフレ率は九六秄《じょ》（九六×一〇二四）％にまで達した。数字にすると、九六、〇〇〇、〇〇〇、〇〇〇、〇〇〇、〇〇〇、〇〇〇、〇〇〇、〇〇〇％で、これもギネスブックに記載されている。

一九四六年五月から七月にかけては、物価が一五・六六時間ごとに倍になったそうだ。小額紙幣はゴミ同然となり、落ち葉のように掃き集められ捨てられたとの逸話が残っている。

一ドル＝一円で始まったドル／円が一ドル＝三六〇円を付けるまで

ほとんどの方はご存じないかもしれないが、「新貨条例」という法律の下で円が日本の貨幣単位として採用された一八七一年（明治四年）の為替レートは、一ドル＝一円であった。これは、その当時の一円（金貨）が一ドル金貨とほぼ同じ量（一五グラム）の金《きん》で造られたためである。この一ドル＝一円から始まり、円は戦後の一ドル＝三六〇円まで凋落《ちょうらく》した。

ここで重要になってくるのが、日本円が大きく切り下がったのは一九三〇年以降だという点にある。すなわち、一九三〇年以降の高橋（是清）財政とハイパーインフレによって日本円は大きく減価したのだ。

一八七一年に一ドル＝一円で始まった円相場は、早々に難局を迎える。西南戦争の勃発だ。一八七七年（明治一〇年）に西南戦争が起こると、政府は戦費を補うため大量の不換紙幣を発行する。その結果、激しいインフレと国際収支の悪化による正貨《せいか》（金《きん》地金や確実に金《きん》に換えることができる外国為替や外国政府証券など）の流出が起こり、財政は実質的に破綻した。四五ページのチャートをご覧いただければわかるように、この間の円はドルに対してジリ安の展開となっている。

ただし、その後の日清戦争で勝利した日本は、清国から多額の賠償金を英ポンドで獲得し、その英ポンドをイギリスで金《きん》に兌換《だかん》することで為替を一ドル＝二円で定着させることに成功した（日清戦争が終わった直後の一八九七年に公布された「貨幣法」で、一円＝金《きん》七・五グラムと定められている）。

太平洋戦争前のドル／円相場

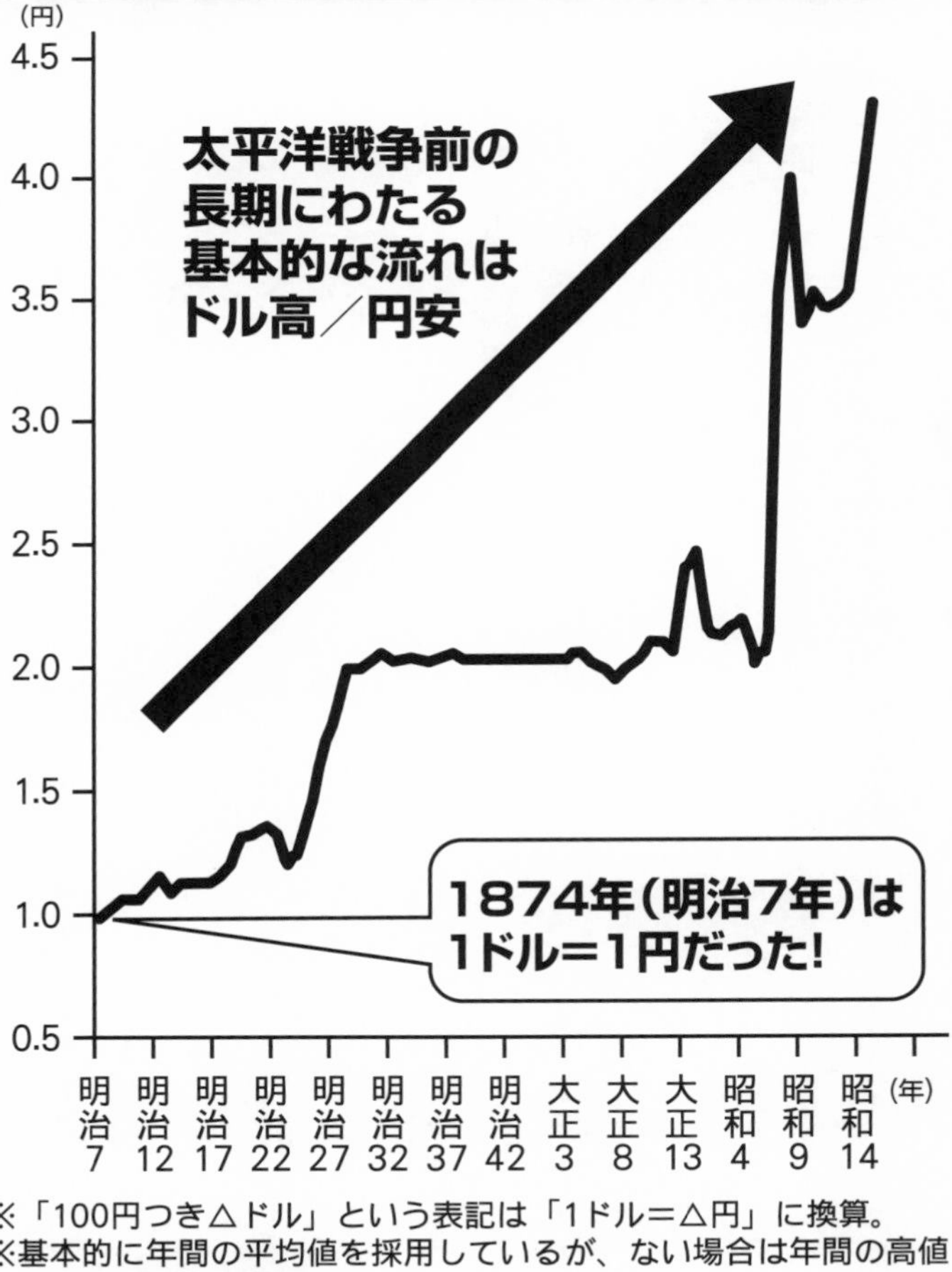

※「100円つき△ドル」という表記は「1ドル＝△円」に換算。
※基本的に年間の平均値を採用しているが、ない場合は年間の高値と安値の平均を使用。

『明治以降 本邦主要経済統計』（日本銀行統計局1966年）のデータを基に作成

そこから一九三一年までの三四年間、為替は金本位制の下で一ドル＝二円前後で安定的に推移した。しかし、その後の関東大震災とニューヨーク発の大恐慌（日本は昭和恐慌）、そしてその後の高橋財政によって、ドル／円は大きく揺さぶられることになる。

関東大震災に加えて、大恐慌によって、日本のみならず世界的にデフレが台頭。すると一九三一年にイギリスが金本位制を停止し、これに日本も追随する。一九三一年一二月一三日、大蔵大臣に就任した高橋是清が金《きん》の輸出を禁止し、日銀の発行している兌換銀行券を金貨に交換することを法律で制限した。

ところで、これから少し遅れること一九三三年には、アメリカで時のフランクリン・ルーズベルト大統領が非常事態宣言を根拠として、国民から金《きん》の徴収に踏み切る形でインフレ政策を導入している。

一九三三年四月五日、ルーズベルトは突如として国民に対して金《きん》を政府に「一トロイオンス（三一・一グラム）＝二〇・六七ドル」で拠出するよう命じた。なぜなら、金本位制（兌換紙幣制度）では政府が発行する紙幣の総額は政府が保有する金《きん》の量によって制限される。そのため、インフレ政策や積極的な財政政策を導入するには、政府が金《きん》を保有している必要があったのだ。

ルーズベルトは、恐慌から脱出するには金融緩和と財政出動が有効だと考えて金《きん》の徴収に踏み切ったのである。そして、金《きん》に対するドルの価値を一トロイオンス＝二〇・六七ドルから三五ドルに引き下げる形でインフレ政策を導入した。イギリスと日本が金本位制を脱したのも、同様の理由からである。

さらに日本は、金本位制から脱却すると共に〝財政ファイナンス〟を実行した。一九三二年三月、高橋是清が金融関係者に対し、財政政策の拡張と満州事変の戦費調達のために国債の日銀引き受けを実施する準備がある旨を伝え、日銀もこれに同意する。

こうした一連の高橋財政によって、一気に物価が上昇すると同時に大幅な円安となり、為替は一九三二年に一ドル＝五円程度まで切り下がった。一般に「高橋財政」として知られているこれら一連のリフレ政策は、「低金利」「為替の管理」（通貨安政策）「積極財政」を軸としている。そして高橋は、積極財政を実行するために一時的に〝財政ファイナンスを容認〟したのだ。

この「高橋財政」によって、日本経済は見事なまでに浮揚する。日銀の金融研究所歴史研究課によると、一九三二～三六年のGNP（実質国民総生産）は年平均六・一％の成長を記録した。しかも、インフレ率は一・五％程度に収まっている。

ところが、これに軍部が目を付けた。高橋のリフレ政策が成功したため、「日銀が軍備を賄えばよい」と考えたのである。当然、高橋や日銀は、リフレ政策による軍事費の膨張は最終的にインフレを発生させると抵抗した。しかし高橋は、一九三六年に暗殺されてしまう（二・二六事件）。

これで完全に歯止めが利かなくなった。一九三二～三六年の国債発行額の平均は七～八億円であったのに対し、盧溝橋《ろこうきょう》事件が起きた一九三七年度の発行額は二二億三〇〇〇万円にまで増加、終戦の一九四五年度には三三四億円まで拡大している。当然のごとくインフレも高進した。一九三二～三六年のインフレ率（年平均）は一・五％と落ち着いていたが、一九三七～四〇年のインフレ率は一一・九％にまで上昇。そしてご存じの通り、戦後にはハイパーインフレと化した。

肝心の為替は、一九三二年に一ドル＝五円程度に切り下がって以降は為替の管理政策によって安定的に推移しており、一九三九年も一ドル＝四・二五円程度で推移している。こうした状態が、終戦まで続いた。

一九四五年八月に戦争が終わると、急激なインフレを抑制するため米司令部による軍用交換相場として一ドル＝一五円に設定され、翌年にはこれが一ドル＝五〇円に、さらに一九四八年七月には二七〇円に引き上げられた。

そしてついに、一九四九年四月には連合国軍総司令部（ＧＨＱ）が発表した一ドル＝三六〇円の固定相場制に移行する。この固定相場制は一九七〇年まで継続するが、一九七一年八月にニクソン大統領が金《きん》とドルの交換を一時停止すると宣言し、金《きん》という後ろ盾を失った固定相場制は崩壊。一ドル＝三〇八円に切り上がり、一九七三年には変動相場制へ移行した。

ところで、日銀金融研究所で歴史研究課長を務めたことのある鎮目《しずめ》雅人氏

（現在は早稲田大学教授）は以前、ロイター（二〇一一年七月二一日付）で以下のように戦前の高橋財政を総括している――「一旦、中央銀行による国債引き受けを始めると財政支出の増加に歯止めが利かなくなり、国債の日銀引き受けの額が膨らんでくると、市中に売却しきれなくなり、インフレにつながった。（中略）当初はうまくいっていても、日銀引き受けという制度を導入することでいずれ制御不能のインフレを招く」。

また、ＪＰモルガン・チェース銀行で市場調査本部長を務める佐々木融氏は二〇一六年八月二四日付のロイターに宛てた寄稿で、戦中戦後の為替相場を振り返り、以下のように警鐘を鳴らす――「日本という国は、たかだか八〇年ほど前に現在と同じような政策を採用しており、その結果が現代の為替相場に残っているのだ。（戦中の）四・二五円が三六〇円になるのは、一二〇円が一〇〇〇〇円（一万円）になるのと同じマグニチュードである」。

国家破産は国民破産の歴史

本章では、ローマ帝国に始まり、南北戦争の時のアメリカ、国共内戦の際の中国、そしてワイマール共和国（ドイツ）と戦後のハンガリー、さらには日本における国家破産の歴史を振り返ってきた。

これらすべての事例に共通するのが、国家破産の際は例外なく〝通貨の乱発〟が起こっているということである。今回は、デフォルト（債務不履行）については詳しく触れなかったが、国家破産の際は過度な通貨安に加えて政府によるデフォルトも頻発している。

そして何より大事なことは、最も大きな打撃を被るのは〝国民〟だということだ。本章で挙げた例はもれなく戦費を賄うための紙幣増刷に起因したインフレであるが、戦争を伴わずとも悪性インフレは起こる。このことは第二章に譲るが、いかなる理由であれ中央銀行の信認が喪失するなどすれば、通貨は確実に切り下がって行くのだ。

「日銀が長期金利を抑え続けていると、インフレは手が付けられなくなり、日本は一晩でハイパーインフレになる可能性があります。日本人はこの政策によって貧しくなるでしょう」――スイスのヘッジファンド、ＥＤＬキャピタルＣＩＯのエドゥアール・ドラングラード氏は、二〇二二年九月五日に放送されたＢＳ－ＴＢＳのニュース番組「報道１９３０」の中で、このように日本人へ警鐘を鳴らしている。

また、早稲田大学のファイナンス総合研究所で顧問を務める野口悠紀雄氏は以下のように強い調子で警告している――「日本は財政支出を中央銀行の紙幣増刷で賄う『ヘリコプター・マネー』にすでに手を染めており、世界最悪の公的債務を高インフレで解決する可能性が高い」（ブルームバーグ二〇一六年五月二七日付）。

野口氏は「日銀が導入した現行の『異次元緩和に基づく国債買い入れ』は残存期間が長い国債を銀行が右から左に売れるようになったので、事実上の日銀引き受け。財政法第五条の脱法行為だ」と糾弾《きゅうだん》。そして、「ヘリコプター・マネーは非生産的な用途に使われるようになる。ずっと続けられた例はない。必ず最後はインフレになって破綻している。歴史上、インフレで希薄化せずに債務問題を解決できた例は皆無ではないが非常に少ない」と指摘、（金融政策に）「出口がなければ、日本がそうなる可能性は非常に高い」（同前）と警告した。

そして野口氏は、政府・日銀の財政出動と金融緩和が今後も続いた場合、「円の価値は非常に危うい」とし、「長期的な円安が傾向的に続く可能性は否定できない」とし「日本経済の体力がどんどん弱っていけば、一ドル＝三〇〇、五〇〇、一〇〇〇円も十分に考えられる」（同前）と予想した。

仮に一ドル＝一〇〇〇円にもなれば（私はその可能性は十分にあると思っている）、まず間違いなく国民の生活は破壊される。それは、現代の日本人が味わったことない壮絶なものになるはずだ。日本経済を支えてきた中間層は一気に転落し、インフレと増税によって治安も悪化する。

現在の二～三％のインフレ率でも多くの国民が「生活は苦しい」と回答して

いるが、たとえば日銀が発表している生活意識に関するアンケート調査（二〇二二年一二月調査）を確認すると、今の生活にゆとりがないことがはっきりとわかる。この調査では、一年前と比べて暮らしに「ゆとりがなくなってきた」と答えた人が急増した。国家破産した際のインフレは、こんなものではすまない。二桁のインフレ率は当たり前で、最悪の場合は三桁に迫るだろう。

インフレに加えて増税も重くのしかかるため、当たり前の生活ができなくなることは必至だ。私はロシアやアルゼンチン、トルコといった現代に国家破産した国々を取材してきたが、それらどの国でも中間層の生活が著しく破壊されているのを見て心が痛んだ。極論に近いが、国家破産した国でそれなりの生活を続けられている層は、全人口の一％程度くらいではないだろうか。

それほどまでに、国家破産は国民にとって恐ろしいものなのである。

そこで第二章では、現代に起きた国家破産の歴史を振り返って、いかに国家破産が壮絶なものかを確認して行きたい。

第二章　国家破産の歴史
――国民はいかにひどい目に遭ってきたか（下）

天災と国家破産は忘れた頃にやってくる

浅井隆

現代における国家破産の諸相を知る

前章で見た通り、古くは古代ローマから近現代に至るまで、様々な国が破綻してきた。もちろん、二〇世紀末から二一世紀の現在までにも、多くの国家が財政破綻状態に陥り、国民はそのツケの支払いのために苦しい思いをさせられてきた。

背景には様々な事情があり、一概にその原因を一つに求めることはできないものの、危機が起きれば国民生活が地獄に堕ちるという帰結はいずれも一緒である。

本章では、冷戦が終結した一九八九年以降に起きた国家破産のうち、主だったものについて時系列を追って見て行きたい。

ロシアの国家破産（一九九一～九八年）

一九八九年にベルリンの壁が崩壊し、冷戦が終結してから約二年後、ソ連が崩壊しロシア連邦が誕生した。この新国家は、実は生まれながらにしてすでに国家破産状態にあった。原因は、ソ連時代に進行した「政治の腐敗」と「経済の困窮」にある。

一、国家破産に至るまで

一九一七年の二月革命によりロシア帝国は崩壊し、世界初となる社会主義国家「ソビエト社会主義共和国連邦」が誕生した。産業革命以降、資本主義社会での資本家と労働者の貧富格差は極めて深刻な社会問題となっていたが、これに対してマルクスやエンゲルスが共産主義を掲げた。

財産は私有せず、共同体による所有とすることで貧富格差のない社会を目指したこの思想は、その後多くの人々・国に大きな影響をおよぼした。実際にその理想を現実のものとすべく、レーニン率いるボリシェヴィキがロシアで革命を起こし樹立したのが「ソ連」だが、結論から言えばその野心的な取り組みは壮大な失敗に終わった。国家による「計画経済」は、国民から「より働いて豊かになろう」という競争心や野心を失わせ、やがて経済停滞を生んだ。また圧倒的な権力の集中により、急速に政治の腐敗が進んだのだ。

結局、ソ連は理想国家とはまったく逆の、看板を架け替えただけの独裁国家にしかなれず、他の帝政国家などと同様に権力と財力を持つ少数と貧しい大多数を生み出しただけだった。ただ、ソ連が崩壊したのは、国家の劣化だけが原因ではない。特に経済の困窮を引き起こしたのは、第二次世界大戦後に勃発した「冷戦」による軍備費のすさまじい膨張が直接要因だ。

冷戦の本質は、社会主義と資本主義によるイデオロギーの対立である。当時の社会主義思想では、「世界中を社会主義にすること」が思想の最終目標とされていた。社会主義者たちは、その理念を実現すべくソ連を旗印とし、ソ連の周辺国や東南アジア、アフリカなどの途上国（旧植民地）を次々と社会主義化して行った。

二度の世界大戦を経て、いよいよ社会主義陣営の膨張が顕著になると、これに重大な危機感を持った西欧やアメリカなどの資本主義陣営は、社会主義の抑止と排除を企図するようになる。この対立構造は、「社会主義」と「資本主義」という、ある意味で最も相性の悪い二つの政治思想の台頭によって生まれた、必然的なものと言えるだろう。互いの陣営は、相手国を封じるべく軍備を増強、やがて一触即発の状態となった。

第二次世界大戦期に開発された核兵器や長距離弾道ミサイルは、極めて強力な軍事力として両陣営で配備が進んだが、ただそのあまりの威力ゆえ、戦争の形をも変えてしまった。もし、戦争が核攻撃の応酬となれば、人類が絶滅することにもなりかねないため、両陣営ともそう簡単に直接対決ができなくなったのだ。その代わりに、他の紛争・対立地域で東西両陣営が後ろ盾に付くという、「代理戦争」という形態が生まれた。

これが、「冷戦」の構図だ。実際に戦争すれば勝敗は決するのが道理だが、冷戦の場合、それができない。その代わりに、互いに強大な軍事力を誇示し、威嚇《いかく》・恫喝《どうかつ》で優位に立つことが至上命題となった。

かくして、一度始まった軍拡競争は止めようがなくなった。相手国よりもさらに強く、さらに数多くの軍備を増強するため、国家財政には莫大な軍事費がのしかかってきた。それはアメリカにおいても相当な負担だったが、経済停滞と政治腐敗が進んだソ連にとって、アメリカの比ではなかった。国民は困窮したが、ソ連政府は徹底した情報統制で国民にそのことを悟らせなかった。そうやって辛うじて、国家を永《なが》らえさせていたのである。

しかし、いつまでもそのような状態は続かない。世界を震撼させる事故によって、ソ連の崩壊が決定的になったのだ。一九八六年のチョルノービリ（チェルノブイリ）原発事故だ。

四月二六日に四号機が爆発すると、その影響はただちに世界中の知るところとなった。そして安全装置すらない、ずさんな原子力運営が明るみに出たわけだが、実はその四年前からすでに事故は起きていた。一九八二年には一号機で放射性物質の漏洩《ろうえい》事故が、一九八四年には三号機と四号機にトラブルが起きていたのだ。ソ連政府はもちろんこれを認識していたが、何も対策をしないどころか周辺国や敵国、さらには自国民にも隠ぺいし続けていた。

しかし、一九八六年の大事故は、隠ぺい不能なほどの規模だった。諸外国が一斉《いっせい》に情報を収集・発信し、結局は過去の事故についても明らかになった。隠ぺいしていた事実は次々暴《あば》かれ、ソ連の信用は完全に地に堕ちた。さらに、海外メディアが発信する情報がソ連国民にももたらされるようになると、国民は政治不信に陥り、内政は混乱状態となった。

一九八九年にベルリンの壁が崩壊すると、国民による民主化運動が津波のように広がり、周辺の共産主義国家は堰《せき》を切ったように次々と民主化を果たして行った。そしていよいよソ連も体制維持が困難となり、一九九一年一二月二五日にソ連は崩壊した。

ただ、これでロシア国民が困窮から救われたかというと、そうではない。むしろ、〝本当の地獄〟はここから始まったのである。

二、ハイパーインフレが国民を襲う

まず国民に襲いかかったのは、すさまじい「ハイパーインフレの嵐」だ。実はソ連崩壊に先んじる一九九一年四月から、それは始まっていた。ゴルバチョフ大統領が「ペレストロイカ」（立て直し）の下で、食料品をはじめとしたすべての公定価格を二〜三倍に引き上げたのである（ぜいたく品はさらに高倍率に変更）。ソ連では、計画経済であらゆるものの生産量と小売価格を国が定めていた。しかし、小売価格は国が買い取る仕入れ値よりはるかに安く、とても持続可能なものではなかった。これを是正すべく取られたのが、この公定価格の引き上げだったわけだ。しかし、国民生活は大混乱に陥ることとなった。

さらに、ロシア連邦の初代大統領となったエリツィンは、一九九二年一月に「ショック療法」を発表する。これまで国が管理していた生産と価格を、完全に自由化したのだ。この突然の「計画経済の放棄」は、物価に火をつける結果となった。業者は生産・出荷量を抑え、価格を吊り上げて暴利を得ようとする一方で、急速なインフレに危機感を覚えた消費者は高値にも関わらず買いだめに走ったのだ。

ロシアの経済混乱が一段落した二〇〇二年、私はロシアを取材したが、当時の話を総合すると一九九一～九三年に巻き起こったハイパーインフレは、年率七〇〇〇％程度にはなっていたようだ。年率七〇〇〇％とは、一年で物価が七〇倍になるということだ。それが三年も続くとどうなるか。七〇倍×七〇倍×七〇倍≒三四万倍である。一〇億円が三年で三〇〇〇円程度になるという話であるから、いかにすさまじい状態だったか想像できるのではないだろうか。

ハイパーインフレは、大量の貧困層を生み出した。この時期、年金暮らしをしていた品の良いおばあさんがマーケットの片隅で空き缶を持って物乞いをしていたという話が残っているが、仕事のない年金生活者や高齢者は特に悲惨な目に遭った。国民の約半数が、乞食同様の状態だったという証言も残っている。

1998 年 9 月、モスクワの地下鉄で物乞いをする女性と
3 人の子供たち。（写真 / ピーター・デヨング）（写真提供：AP/ アフロ）

三、「悪魔のデノミ」

ハイパーインフレが猛威を振るっていた一九九三年、ロシア中央銀行はインフレ退治の荒療治を発表する。「一九九二年までに発行された紙幣の国内流通を、七月二六日午前零時をもって停止する」——つまり、一九九二年までの紙幣は、放っておくと紙キレになるということだ。この衝撃の発表は、七月二四日の土曜日に行なわれた。つまり、週明けには有無を言わさず実施され、それまでは誰も何も対策できない、ということだ。

この措置により、ロシア国内は大パニックに陥った。ロシア国民は、ソ連時代の経験から銀行を信用していなかった。すさまじいインフレに見舞われてもなお、銀行にはお金を預けず紙幣をタンス預金していたのだ。

それがいきなりの「紙幣紙キレ宣言」である。救済措置として、二週間限りで一定額までの旧紙幣を有効な紙幣に一回限りで交換でき、残りは銀行に預金することとされた。また、小額紙幣は当面使用を容認するという措置も取られたが、事態の収拾には何の役にも立たなかった。実際に商品を売買する現場では、誰も小額の旧紙幣を受け取りたがらず、取引が成立しなくなったためだ。さらに、新しい紙幣の供給が間に合わず、新紙幣で買い物をしてもおつりが出せないため、おつり分だけ値上げするといったことも行なわれたという。

取材に応じてくれたあるロシア人は、「この時が一番困った」と話してくれた。ある日突然に行なわれたことで、まったく手の打ちようがなかったためだという。感覚的には、ある日いきなりお金の価値が一〇〇〇分の一になったようなもので、まさに「悪魔のデノミ」と呼ぶべきものとしてとらえられている。

四、運命の一九九八年

このように、ほとんどのロシア国民は「ハイパーインフレ」と「悪魔のデノミ」で着々と資産を失って行ったが、市場経済の導入と「悪魔のデノミ」によるインフレの鎮静化は、別の現象をもたらした。景気が浮揚し、さらに一九九四年頃からは新興の超富裕層が登場し始めたのだ。

外資による資金流入がその大きな要因だったが、しかしロシア経済の実態は地に足の着いた経済成長とは程遠いものだった。ではなぜ、資金が流入したのか。ロシア政府が経済復興を企図して、優遇貸出レートや低金利の貸付で外資を誘導したのだ。

しかし、こうした政策は産業振興の足がかりとはならず、単なるマネーゲームに利用された。多くの外資や国内富裕層は目先の投機目的で株や不動産を買い、値上がれば売り抜けて莫大な利益を得ることを繰り返し、経済が完全なバブル状態に陥ったのだ。大多数の貧民とごく少数の超富裕層、そして将来性も国際競争力もない経済に投機資金だけが流れ込むという、異常な構造ができ上がった。

バブルは、いつの日か弾ける宿命にある。ロシアにも、その運命の日がやってきた。一九九八年八月一三日、突如として「株式」「債券」「通貨」のトリプル安が起きたのだ。パンパンに膨れ上がったバブルが弾ければ、あとは奈落の底まで真っ逆さまである。四日後の八月一七日、ロシア政府は短期国債の取引停止を決め、事実上のルーブル切り下げ、民間の対外債務返済の九〇日間凍結を発表した。「デフォルト」宣言だ。さらに、「預金封鎖」まで行なった。

経済に詳しくない大多数のロシア国民は、突然の事態になす術もなかった。バブルの到来によって「危機は去った」と思った国民は、九三年の「悪魔のデノミ」の一件もあり、財産を銀行に預けるようになっていた。そこにきての預金封鎖である。これでとどめを刺された。特に、なけなしの年金をこの預金封鎖で根こそぎやられた高齢者たちは、絶望のあまり次々と自殺したという。

さらにむごいことに、銀行では貸金庫の中身まですべて没収された。ロシアでは高齢者の自殺率が跳ね上がり、また飲酒などで現実逃避した末に体や精神を壊して早死にする例も激増、ロシアの平均寿命は短くなった。

五、地獄のような日常

当然、治安は著しく悪化した。郊外の一戸建てなどは、いつ強盗に入られるかわからず怖くて住めなかったという。街では食い詰めた人々が白タク稼業に走ったが、車内はしばしば修羅場と化した。運転手と乗客が二人きりになると、どちらか一方が突然強盗に豹変することがまま起きたというのだ。ある時は運転手がナイフ片手に客に「金を出せ」と脅し、またある時は客がピストルを突き付け「金を出せ」と言う。

取材では、さらに恐ろしい話も聞いた。国の給料未払いによって困窮した軍人が機関銃まで売り払い、それがマーケットで普通に売られていたというのだ。当時の値段で銃弾付きで二〇万円くらいだったそうだ。一部の人間はそれを買い、身を守るために武装していたというが、中には恨みを晴らすため買った銃で相手を殺しに行くといったこともあったらしい。バイオレンス映画もかくや、の極限状態である。

餓死者も大量に出た。特に都市部の年金生活者に餓死が多かったという。一方で、田舎住まいの人たちはまだマシだったそうだ。全世帯の八割が「ダーチャ」という家庭菜園付きで、自給自足に近い生活ができていたため、なんとか食いつなぐことができたのだ。

ソ連崩壊から二〇〇〇年代初頭にかけてロシアが経験した国家破産の混乱は、

1998 年 9 月、モスクワ中心部の地下道の階段で物乞いをする男性とその娘。　（写真 / ピーター・デヨング）（写真提供：AP/ アフロ）

ロシア国民の内面に深刻な爪痕を残した。私が取材したあるロシア人女性はこう言った――「ロシアがかつて強大なソ連だった頃、誰一人としてあんな国家破産がやってくるなどとは思ってもいなかった。国が破産したのだから、私たちの財産がなくなったのはしょうがないわ。でも、実際にはもっとひどいことが起きたの。それは、あまりにもとんでもないことが次から次へと起きたために、皆の頭がオカシクなってしまったことよ。それが一番、怖かった」。財産を失い、国家も信じられず、周囲の人々すら疑わねばならない極限状況。国家破産の本質的な恐ろしさは、人々と社会を内面から崩壊させる点にあるのだ。

トルコ（二〇〇一年）

次に、トルコの国家破産の事例を見てみよう。同じ国家破産といっても、トルコのそれはロシアのような激甚《げきじん》なものではなかった一方で、一九七〇年頃から約三〇年もの長きにわたって実質的な破産状態にあったのだ。

そして、二〇〇一年に極めて大きな衝撃が起きた。なぜ、こんなことになったのか、ざっと振り返って行こう。

一、トルコが国家破産に陥るまで

七〇年代前半、トルコは五～一〇％程度の高い経済成長を遂げていた。しかし、その内訳は対外借り入れに依存した〝かりそめの繁栄〟で、年を経るごとに対外債務が膨らんでいた。

ここに石油ショックが到来し、トルコ経済に大打撃を与える。原油価格が高騰し、資源を海外に依存していたトルコは経常赤字が急拡大したのだ。七〇年代後半に対外債務の返済が困難になると、経済はマイナス成長に転じた。通貨価値の下落、インフレが加速し、インフレ率は一〇〇％を超えた。

経済の低迷は政治の混乱を招き、テロが多発、ついには一九八〇年に軍事クーデターが勃発する。樹立した軍事政権による経済改革が奏功し、一時は危機的状況を脱して治安も回復したものの、八〇年代後半に入ると再びインフレが高進した。選挙のたびに典型的なばら撒き政策が繰り返され、トルコに対する信認は加速度的に失墜して行ったのだ。

そして一九九四年、トルコは再び経済危機に陥った。通貨トルコリラは暴落、インフレ率は一〇〇%超、経済はマイナス成長となったのだ。

二度の経済危機によりすっかり疲弊したトルコは、その後なんとか経済成長もプラスに転じ、インフレ率も若干落ち着きを取り戻したものの、相変わらずインフレ率は年五〇%程度で高止まりし、財政は悪化の一途をたどって行った。

そしてそのトルコに、決定的な大混乱が到来した。

二、政治家の対立が通貨危機を招く

二〇〇一年二月、セゼル大統領とエジェビット首相という、政府中枢を担う二人の政治家が激しく対立し、その事実が「国家の深刻な危機」として公表された。前年一一月には、経常赤字と金融スキャンダルによるトルコの信用不安が高まったばかりで、この時はＩＭＦの緊急支援で鎮静化していた。しかし、そこから日をおかずに起きた政治スキャンダルの勃発は、連立政権の崩壊、総選挙による政治停滞、経済構造改革の後退といった負の憶測を生んだ。

その結果、株価暴落、金利暴騰、国営銀行の債務不履行という事態に陥った。キャピタルフライトによってトルコリラは急落、政府は急激な為替変動を支えきれなくなり、当時採用していたクローリング・ペッグ（固定の為替水準を小刻みに変更する仕組み）を放棄して、完全な変動相場制へと移行した。

これによって、トルコリラはさらに暴落した。なんと、わずか一週間の間に七〇％も下落したのだ。もちろんインフレは急加速、国内経済は完全な混乱に陥った。急激過ぎる変動に一時はモノの値段も付けられない状態となり、銀行をはじめ、ありとあらゆる取引が停止に追い込まれ、経済は完全に麻痺した。

長年の高インフレに耐性ができていたはずのトルコ国民でさえ、この前代未聞の出来事にはなす術がなかった。企業は次々と倒産し、失業者が街にあふれた。政府の無能・無策ぶりに国民は不満を爆発させ、各地でデモが多発、その一部は暴徒化した。

銀行が再開されると、人々は窓口に殺到した。彼らが心配したのは、「今の金利がいくらなのか」ということだ。長年の高インフレで、金利は大きく変動することが人々の常識となっていた。そこにきて、この経済激震である。特に銀行から借りている人々や企業にとっては、金利は死活問題だ。かくして、銀行に詰めかけた彼らは絶望的なものを見る。「貸出金利　一万五〇〇〇％」――誰もが声を失い、そして状況を理解し始めた人から悲鳴を上げ、中には泣き崩れて床に突っ伏す人もあった。それも当然だ。何しろ、一年後の返済額が借金額の一五〇倍なのだ。もう、彼らには何の希望も残されていなかった。

三、すべての取引が止まる恐怖

ハイパーインフレに慣れたトルコ国民ですら、このような急激な変動には何の手の打ちようもない。為替、金利、そしてあらゆる物価の変動が激し過ぎるため、まともな商売などまったく成立しないのだ。異常な変動ゆえ、買い手からすれば「待てば安くなるかもしれない」という心理が働く。売り手にしてみ

第２章　国家破産の歴史
——国民はいかにひどい目に遭ってきたか（下）

マクドナルドのハンバーガーが１個 60 万トルコリラとは……。
（2001 年トルコ　浅井隆撮影）

ても「待てばさらに高値で売れるかもしれない」と考える。誰もが様子見をする結果、街ではペン一本さえ売っておらず、また買いにくる人もいないという実に不気味な現象が起きた。

この大混乱の直後の二〇〇一年四月、私はトルコへの取材を敢行したが、この時インタビューに応じてくれた日本企業のトルコ現地法人の日本人社長が、信じられないような苦境をこう語ってくれた――「原材料の値段がわからないだけでなく、逆にでき上がった製品をいくらで売ったらいいかもわからない。もちろん、従業員の給料もいくらにすればよいのか見当も付かない。結局三ヵ月間、工場は完全に止まったままです。かわいそうですが、全従業員もレイオフしたままです。まさに想像を絶する状況で、恐慌の方がまだマシですよ」。

商店も工場も動かない、給料も払えないとなれば、従業員との対立も必至だ。特に、多くの中小企業は操業不能となり、倒産に追い込まれた。

取材の中では、さらなる悲劇も聞いた。トルコがまだまともだった時代に、ある日本人女性が旅行でイスタンブールにやってきて、ハンサムなトルコ人男性と恋に落ちた。始めはわからなかったそうだが、その彼は実はホテルを所有しいくつもの事業を経営する実業家であった。やがてその女性は彼と結婚し、二人の子供にも恵まれ、誰もがうらやむ幸せな生活を送っていたという。

しかし、突然の悲劇が彼女を襲う。三〇年もの高インフレをものともせず事業を続けてきた彼が、この急激な変動で読みを誤り、あっという間に破産状態に陥ったのだ。日本人女性曰く「あれほどの資産家であった夫が、本当に一瞬にして破滅への坂道を転がり落ちて行った」という。一文無しどころではなく、〝巨額の借金王〟となってしまったのだ。ハイパーインフレの急変動は、かくも恐ろしいものである。

その後も壮絶である。実業家だった彼は、文字通りすべてをかなぐり捨て、なんと妻と子さえも捨てて、日本に逃げ果てたのだ。その後の消息は、不明ということだ。彼女は、気丈にも女手一つで子供二人を育て、日本の実家の助けを借りながら数年かけて夫の借金を返済したという。

彼女はこう結論した――「ハイパーインフレ下で一番リスクを負う職業は企

業の経営者であり、とりわけオーナーとしての中小企業である」。私たちも、しっかりと胸に刻んでおくべき教訓だ。

四、絶望の連鎖

現地取材では、ほかにも驚くべき話を聞くことができた。曰く「トルコ中で友情という友情がすべて壊れた」という。どういうことかというと、国家破産が長いトルコでは、生活に困って借金をしている人も多く、友人同士で資金を融通し合っている。「トルコで友達と言えば、お金を貸してくれる人という意味」だというほどに、人付き合いと金の貸し借りが密接だという。それが今回の危機で、悪い方に様変《さまが》わりしたのだ。貸している側も大ダメージを受け、〝友達〟に「あのお金、悪いけど返してよ」と迫るようになったのだ。

さらに悪いことに、こうした貸し借りはトルコリラ建てではなく、ドル建てで行なわれていた。トルコリラはインフレでどんどん減価するのが常識だから、ドル建てでやり取りするのはある意味でごく自然のことだった。しかし前述の通り、トルコリラはわずか一週間で七〇%も暴落してしまった。そのため、ドル建ての借金はいきなり三倍以上にも増えた計算になる。借りている方としても、いきなりそんな額を返せるはずもない（返せるならそもそも借りていない）。「返せ」「無理だ」「俺も困っているんだ」「ないものはない」「お前は本当に友達か？」「お前こそ鬼か？　それとも人でなしか⁉」――果たして言い合いが争いになり、殺し合いという最悪の事態に至った例も数多くあった。

アルゼンチン（二〇〇一年）

次に、南米アルゼンチンの国家破産を見て行こう。アルゼンチンは、実は過去に何度もデフォルト（債務不履行）を繰り返しており、国家破産の「常習国」なのだが、その中でも二〇〇一年のデフォルトは多くの人々を地獄の底に叩き落とす凄惨《せいさん》なものだった。なぜアルゼンチンが国家破産し、そして国民がどのような目に遭ったのか、背景から見て行こう。

一、南米随一の先進国が「破綻常習国」に転落

一六世紀にスペインの植民地となったアルゼンチンは、一八世紀後半のアメリカ独立革命やフランス革命といった市民革命の潮流を受け、一九世紀初頭には独立の機運が高まった。度重なる解放戦争や内戦の末、一八六二年に国家統一がなされると、その後は「パンパ」と呼ばれる肥沃《ひよく》な大地によって穀物生産が盛んになり、イギリスをはじめ欧州への穀物輸出が大きく伸びた。さらに牛肉の輸出でも莫大な外貨を得られたことで、アルゼンチン経済は急成長を遂げる。二〇世紀初頭には、先進国の外資系企業がこぞってブエノスアイレスに支店や代理店を置き、町は「南米のパリ」と呼ばれるほどの大発展を遂げた。

しかし、その繁栄も長くは続かなかった。第一次世界大戦後、主要先進国がブロック経済によって保護主義を強める中、イギリスの経済圏入りができなかったアルゼンチンは、一気に不況に陥る。経済の停滞が政情不安を招き、やがて軍部が台頭するが、彼らが行なった経済政策はいずれも行き詰った。

そして、一九七五年以降はインフレが加速、一九九一年までのおよそ一五年

間のインフレ率は年平均三〇〇％となり、物価は二〇〇〇億倍にもなった。中でも一九八九年は悲惨な年で、年率三〇〇〇％という極めて深刻な高インフレに見舞われた。

高インフレと経済衰退からの脱却を図るべく、アルゼンチン政府は九〇年代に入ると新自由主義を導入して国有事業の民営化を次々行ない、また対ドルの固定相場制に移行した。これによって、アルゼンチン経済は一時好転したものの、状況は再び悪化に転じる。特に、「ドルと等価」という固定相場制度が通貨高を招く格好となり、国際競争力が低下、経常赤字に転落した。

政府は、通貨高を緩和するために高金利政策を実施するが、今度は高金利が経済を大いに冷やし、深刻な不景気に見舞われた。資産家たちはアルゼンチン・ペソを見放し、資本流出が加速、またＩＭＦもアルゼンチンを見放した。

実はアルゼンチンの固定相場は、ＩＭＦがドルを融資して成り立っていたが、ＩＭＦが要請する財政健全化に応じることができないため、ついに融資を断られてしまったのだ。いよいよ、アルゼンチンは窮地《きゅうち》に陥った。

二、国債暴落、預金封鎖

アルゼンチン政府は、財政立て直しのため緊縮財政を実施しようとするものの、労働組合や各種団体の猛反対に遭い、各地でゼネストが勃発して社会はさらに混迷《こんめい》の度を深めた。もはや、再建の道をあきらめたアルゼンチンは、二〇〇一年一一月一四日に対外債務のデフォルト（債務不履行）を宣言するに至る。

当然のごとく、アルゼンチン国債は暴落した。さらに、資産逃避を食い止めるため、一二月一日には預金封鎖を断行、引き出しは週二五〇ドルに制限された。年金支払いが滞り、高齢者たちは連日銀行の前に列をなした。

年が明けた二〇〇二年一月には、通貨安定とその後の苦境をもたらした固定相場制をついに放棄し、変動相場制に移行する。堰《せき》を切ったようにペソは投げ売りに遭い、すさまじい勢いで暴落して行った。通貨安の影響で物価が急上昇し、再びインフレが加速した。その勢いたるや、多くの商店では値札の書き換えが間に合わず、値札が取り去られて「時価」での取引となったほどだ。

ただ、この時のインフレ率は政府による公共料金据え置き策などが奏功し、ピークでも四〇％程度だったという。九〇年頃の数千％から比べればはるかにマシな数字だが、果たして実態はまったくそんなことはなかった。

何しろ、大不況に加え国債暴落で金利は急騰、さらにペソも暴落したのだ。とある給与所得者は、給料がペソベースで三分の一、ドル換算では一〇分の一になったという話もある。これでは生活は立ち行かない。実際多くの人が、食うや食わずの貧困層に転落した。二〇〇二年六月六日付の朝日新聞には「ネズミ・カエルで飢えしのぐ」と題された記事が掲載されており、その困窮振りが伺える。

この二〇〇一年のデフォルトと預金封鎖が、いかに突然かつ壊滅的であったか、克明に語ってくれた証言がある。私は二〇一六年と二〇一八年の二回、アルゼンチンで取材をしているが、それは二回目の取材でドライバーに付いてくれたガブリエルのものだ。その様子を以下にまとめてみよう。

――二回目の訪問時に、専用車のドライバーとして派遣されてきた五〇歳くらいのちょっとハンサムな男性、ガブリエルがとても気の利く頭の良い人物だったので「二〇〇一年にアルゼンチンがデフォルトした時のことを詳しく聞かせてほしい」と頼むと、約一時間にわたって自身の体験をわかりやすく語ってくれた。「危機はあっという間にやってきて、一瞬で私のすべてを奪って行った」と彼は口を開いた。政府は銀行の窓口が閉まり、株式市場も終了した金曜日の夜に〝重大発表〟を行なったのだが、大らかで物事を気にしないアルゼンチン人の代表のような彼は、ニュースも見ずに金曜日は婚約者と素敵なディナーに出かけ、土曜は郊外へと小旅行を楽しんでいた。日曜日に友人から「何か変だぞ。TVで妙なことを言っている」と電話がかかってきたが、気にも留めなかった。何しろ、彼が重役を務めるITの会社は業績も順調で、多くの人から将来を期待されていたのだ。給料も、平均的サラリーマンの一〇倍以上(四四〇〇万円)が出ていたし、何も問題はないように見えた。

しかし、月曜日に会社に出かけた彼は、パニックへと巻き込まれて行く。業績が良かった分、そして会社が伸びようとしていた分、先行投資のために多大な借り入れを様々な形で行なっていた。それが裏目に出た。お金の流れが遮断される金融危機＝国家破産では、リスクに怯えた投資家が一斉にお金を引き揚げ始めたのだ。

それからは、あっという間だった。いくら会議をやろうが、いくら投資家や銀行を説得しようが、すべてが無駄だった。そして、半年もしないうちに人生のすべてを失った。婚約者も、会社も、地位と給与も、そして自宅までも……。最後は自己破産しか手がなかった。いまだにその時のことで夜中に悪夢にうなされて起きるという。あの〝月曜日の朝〟のことを思い出すと、彼は「トラウマが、トラウマが」と何度もつぶやいた。あの時のトラウマ――奈落の底へ真っ逆さまに落ちて行くあの瞬間――が頭の中にこびり付いて、どんなことをしても消し去ることができないのだという。

「いつか、また必ず良いことがある」「あと五年すれば、また元のあの生活に戻れる」――そう思って、毎日必死に生きているという。彼は今ドライバーだけでなくカメラマンの仕事もしているが、慢性的に経済が不調のアルゼンチンではなかなか食べて行けないという。

その後、ガブリエルとは連絡を取っていないが、このコロナ禍でアルゼンチン経済の苦境は深刻化しており、いつまたデフォルトするかわからない状況だ。五〇歳を過ぎたガブリエルに、老後はないかもしれない。

三、暴力映画なみの日常

国家破産による経済の混乱によって、二〇〇二年には貧困率は五〇%を超えるに至った。当然のごとく治安は悪化した。国民は不満を暴発させ各地で暴動が多発、人々が商店を襲い略奪の限りを尽くした。

さらにひどいことに、このドサクサに便乗して騒ぎを止めるべき警察までもが略奪行為に走ったという。警察の機能不全は深刻で、強盗が起きても誰も警察を呼ばなくなった。警察を呼ぶと逆に金銭を要求されるため、誰も警察など当てにしないというのだ。

当時の様子については、『文藝春秋』もこんな記事を掲載している。

アルゼンチン社会の表も裏も知り尽くしているその高木氏が、強盗に遭った。さる三月八日金曜日午後八時過ぎ、市内中心部の鉄道ターミナル・コンスティトゥシオン駅前の小さな公園。南緯三十四度の空はまだ明るく、辺りでは大勢の人々が休息していた。子供を遊ばせる家族連れも幾組かいた中で、帰路を急いでいた彼は突然、後ろから羽交い締めにされ、引き倒された。と、どこからか二人の仲間が走り寄ってきて、受け取ったばかりの給料袋を持ち去られてしまった。「喉にナイフを突きつけられては、下手に抵抗もできません。後で周囲にいた人たちが、見て見ぬふりをして悪かったと言ってくれましたが、近頃の強盗はみんな拳銃を持っているから仕方がない。それにしても町が荒れた。この国では私はクーデターもハイパーインフレも体験したが、治安の悪化という点では、今が最悪でしょうな」

高木氏にケガがなかったのは不幸中の幸いとしか言いようがない。警察に届ける気にもなれなかった。「どうせ無駄だから」だ。

ゴミを集めて生活
している老人。

路上に横たわる人。　（2019 年アルゼンチン　すべて浅井隆撮影）

歩道も車道もボロボロで、ゴミが山のように捨ててある。

夏だからいいが、冬はこうしたホームレスはどこで寝るのだろうか。

ブエノスアイレスではこの前日も、悲惨な事件が発生している。市内と郊外を結ぶイエルバル線のフロレスタ駅でハンドバッグをひったくられかけた三十歳の女性が複数の暴漢と揉み合い、ホームの下に転落。動き出していた列車に轢かれて亡くなった。大手紙『ラ・ナシオン』『クラリン』などの報道によると、周囲の乗客らが暴漢の一人を取り押さえ、リンチを加えようとしたという。

リンチとは穏やかでないが、最近のアルゼンチンではさほど珍しい事態でもないらしい。（月刊『文藝春秋』二〇〇二年五月号）

こんなことが日常的に、ごく普通に起きるのだ。日本もコロナ以降は「闇バイト」「自宅強盗」問題に代表されるように治安の悪化が目立ってきているが、それとは比べものにならないものである。さらに驚いたのは、一度目の取材でインタビューした移民一世のＩ氏の話だ。

氏の治安悪化にまつわる話は強烈で、前述の「トラブルに遭っても警察は呼んではならない」のほかにも、「町で強盗に出くわした時、殺されないように小額の金品を常に差し出せるように持っておく」という護身術、「セキュリティのため、家や事務所に付けている何十本ものカギを持ち歩いている」という話、さらには「厳重なセキュリティをかけた自宅に〝特殊部隊〟が強盗に押し入った話」など、もはや驚愕を通り越して笑うしかない話のオンパレードだった。

著しい不況、不安定な金融システム、倒産・失業、貧困、治安悪化……国内がこんな調子であるから、財産や能力がある人たちは、当然のごとく海外に脱出して行った。国内には、高齢者や子供、あるいは海外で働く能力がなく、海外に出られる財力もない人たちが多く残る結果となった。

アイスランド（二〇〇八年）

さて、次に紹介するのはアイスランドだ。アイスランドの場合、前述のロシアやトルコ、アルゼンチンとは少々様子が異なる。慢性的な財政赤字が累積し、国家運営が回らなくなって破産したのではなく、国家戦略の失敗によるものだったのだ。

一、急速な繁栄と挫折

アイスランドは、元々無人島であったが八～九世紀頃のバイキング時代に入植《にゅうしょく》が始まった。一三世紀中頃からはノルウェーの植民地となり、その統治は二〇世紀初頭まで続いた。歴史の表舞台に出てくることはほとんどなかったが、欧州での封建制の終焉にも大きく影響した出来事がアイスランドで起きている。一七八三年の〝ラキ火山噴火〟だ。

大量の噴煙や火山性ガスの噴出により、世界規模での低温、多雨などの異常気象が発生し、欧州では不作や疫病《えきびょう》が蔓延《まんえん》、国民の不満が急速に高まり、フランス革命に端《たん》を発する民主化革命へとつながって行った。

さて、こうした欧州の民主化運動の流れを汲《く》み、アイスランドも一九〇四年に自治を達成、一九四四年には「アイスランド共和国」として独立を宣言する。

ただ、人口も少なく主だった産業も漁業くらいだったアイスランドは、一九八〇年代までは欧州最貧国の地位に甘んじていた。

ところが、一九九〇年代に入ると大きく様相が変わる。冷戦の終了により、それまで米軍の駐留地だったアイスランドの地政学的な位置付けが変化したのだ。アイスランド政府は、自立した経済を持つべく構造改革を推進、地熱発電などを利用したアルミ精錬産業が発達するなど、産業構造が急激に変化した。また、海外との資本移動規制を撤廃、金融機関を民営化し、通貨クローナを変動相場制に移行するといった金融自由化を積極的に進めた。

こうした劇的な改革によって、アイスランドは二〇〇〇年代に入って急速に「金融立国化」して行ったのだ。

そんなアイスランドが海外からの資金を呼び込むために行なっていた大きなものの一つが、高金利政策だ。折しも世界の金融界はサブプライムバブルに沸き立っており、巨額の資金を運用するために「キャリートレード」が頻繁に行なわれていた。「キャリートレード」とは、低金利の通貨で資金を借り、高金利の通貨で運用して利ザヤを稼ぐという、世界規模での資金運用法だ。当時で言えば、低金利通貨だった日本円で資金調達し、高金利のアイスランドクローナで運用するというのが主流のトレードの一つとなっていた。

こうした背景から、人口わずか三二万人の小国に世界中から莫大なお金が集まってきたのだ。二〇〇六年度のアイスランド国内大手三行の資産は、アイスランドのＧＤＰの八倍、また借り入れもＧＤＰの六倍の規模だったというから、そのいびつさ、異常さがよくわかるだろう。

この時期、アイスランドの金融機関はまさに「荒稼ぎ」状態にあった。クローナ買いによって大量に流入したお金は、国債市場に留まらず株式市場にも流れ込み、株価が四年半で五倍にも高騰したという。典型的な〝バブル相場〟である。急激な成長と繁栄の裏で、危機がジワジワと忍び寄っていた。

そして、ついにその日が訪れる。アメリカでのサブプライムローン（低所得者向け住宅ローン）の焦げ付きに端を発した金融不安は、二〇〇八年三月のベア・スターンズ破綻、そして同年九月のリーマン・ブラザーズ破綻という形で破局を迎えた。世界中の膨大なお金は、それまでのリスク選好による積極投資から、リスク回避へと一気に逆転を始めた。当然「キャリートレード」も逆回転を始める。高金利ゆえに買われていたアイスランドクローナは、一気に売り浴びせを受け、見事に暴落した。株式市場も大暴落に見舞われた。

さらに深刻だったのは、三大銀行もこの影響をもろに受けたことだった。経営は一気に悪化、三行の一つであるカウプシング銀行の円建て外債（サムライ債）七八〇億円が事実上の債務不履行になるなど、いよいよ国家破産目前という事態にまで発展した。民営とはいえ、金融システムの要となる銀行を容易に潰すわけにも行かないアイスランド政府は、三行とも国有化に踏み切った。

結局、株価は一〇分の一以下になり、通貨クローナの価値は半分に暴落し、国民にはローンの負担が大きくのしかかった。二〇〇八年のインフレ率は一七・一％で、わずか一年前から三倍強にもなった。当然、国民生活は一気に窮状に陥った。

ただ、アイスランド国民はなんとかこれを耐え抜いたようだ。アイスランドは決して豊かではない土地で、農業などが不向きでそのため彼らは生き残りのために社会性や勤勉さを重視してきた。そうした国民性が、彼らを支えたのだ。

しかしながら、政府と金融機関が行なってきた「冒険的」とも言える金融立国化の末、バブルと金融機関の荒稼ぎを経て迎えた破局と苦境に、国民は静かな怒りを抱えていた。その後、政府が銀行救済のために税金を投入することを国民に諮《はか》ると、政府案は二度にわたって否決され、さらに銀行幹部は次々に逮捕される事態となった。

その後、ＩＭＦや北欧四国からの救済融資を受けたアイスランドは、劇薬にも似た危機処理を断行する。最大の銀行も救済せず破綻させる一方で、預金支払いの保証を行ない、個人や企業の債務を一部免除するなど、家計破綻や黒字倒産を防ぐ施策も行なったのだ。

だが、預金封鎖や資本移動規制の影響は長引き、二〇〇八年一一月から二〇一七年三月まで実に八年四ヵ月もの間、規制が行なわれた。

二、一筋縄ではないアイスランドの実情

アイスランドの金融危機は、実は単に放漫な財政経営や国民の堕落などという話ではない、少々複雑な事情がある。前述の通り、「金融立国」政策によって過剰なお金を海外から呼び入れ、債務を抱えたことが原因だったわけだが、流入したお金の多くがイギリスやオランダといった近隣の国々だったことも話を難しくしている。

実は、破綻しかけた銀行には、イギリスやオランダの預金者のお金が大量に預け入れられていた。アイスランド国民が政府による救済を拒否したのは、英蘭の損失を国民がツケ払いするのは道理に合わないと反発したためなのだ。銀行を救済せず、潰して預金者のお金で負債処理するというアイスランドの方針に両国は国交断絶まで持ち出して圧力をかけたが、それでもアイスランドはそれを拒否し、銀行の破綻処理を断行したのだ。

つまりこの金融危機は、アイスランド国民からすれば外国資本のマネーゲームの巻き添えを食ったようなものなのだ。もちろん、政府が金融立国を目指し、

国民はその方針を受け入れ、銀行家たちがそれを利用したという側面はあるものの、だからこそこうした果断を下し、苦境を受け入れて新たな出発を目指したとも言えるだろう。

アイスランドは現在、金融とは異なる新たな分野に活路を見出し、堅実な経済成長を見せている。大きな失敗を糧《かて》に、国民がいかに国を良くするかを真剣に考え、取り組むことの重要さがわかる例と言えるかもしれない。

ジンバブエ（二〇〇六〜〇九年）

「一〇〇年に一度」の巨大金融危機と言われたリーマン・ショックは、アイスランドをも国家破産に追い込むほどのすさまじい威力を見せ付けた。二〇〇八年には、ほかにもジンバブエが国家破産への道をまっしぐらに突き進んだ。この両国は、欧州諸国（特にイギリス）の影響の下に国家破産への道を進んだわけだが、その歩みも起きた現象も、さらには国家破産後の推移にも大きな違いがある。

一、豊かだったジンバブエ

ジンバブエという国が歴史上に登場したのは、一九八〇年と比較的最近のことである。元々はアフリカ民族の王国があり、一三世紀頃には「グレート・ジンバブエ」として繁栄を謳歌していたが、一九世紀に欧州で帝国主義が台頭すると、ほかのアフリカ諸国と同様にイギリスの植民地に組み入れられた。

第二次世界大戦を経て帝国主義が終焉を迎え、多くの植民地が独立を果たす中、イギリス領南ローデシアからの長年の独立運動を経て、ついに一九八〇年に「ジンバブエ共和国」として独立を果たす。

初代首相のロバート・ムガベは、白人に対しても寛容な方針を取り、黒人と白人の融和を図った。この国家方針は優れたもので、それまでに白人がもたらした様々なインフラや技術、また欧米からの経済支援もあって、ジンバブエは大いに発展する。医療・教育の充実も図られ、乳児死亡率は六％台に低下、識字率は九〇％と先進国並みになった。

農業も順調だった。ジンバブエには肥沃な土地があり、元々は白人が入植と共に開拓を行ない、大規模な農場経営を行なっていた。白人融和政策はこの点にも有効で、独立後のジンバブエも引き続き白人による非常に効率的な農業経営が続けられたのだ。「アフリカの穀倉庫」としてのジンバブエの地位は、白人入植者たちの技術やノウハウに支えられていたのだ。

さらに、ジンバブエは鉱物資源にも恵まれていた。有名なダイヤモンドのほか、白金、銅、クロムなどを大量に輸出し、重要な外貨収入源となっている。

繁栄の証《あかし》は街並みにも現れた。首都のハラレにはビルが立ち並び、道路、鉄道、電気など社会インフラが整備された。街中にはスーツを着たビジネスマンが闊歩し、ネットカフェなどの新しい業態の店も立ち並ぶようになった。アフリカ大陸で南アフリカに次ぐ経済大国となったのだ。

しかし残念なことに、この成功も長く続くことはなかった。それまでの白人融和政策が一転、二〇〇〇年代に入ると人種対立によって白人排斥《はいせき》が進められたのだ。経済を実効支配してきた白人と、労働層に甘んじてきた黒人に生じた貧富格差がさらに顕著となり、いよいよ黒人たちの不満が社会不安にもつながりかねないほどになったためだ。こうした機運に押し切られた格好で、ジンバブエ政府は政策転換を行ない、白人の経営する農場を強制徴収する策に出た。

これに対し、旧宗主国のイギリスをはじめとする欧米諸国はジンバブエへの経済制裁で応じた。また、黒人の所有となった大農場は、白人経営者たちが持っていた優れた農業技術は継承されず、瞬く間に荒れ放題となった。そこに干ばつも襲来し、ジンバブエ農業は一気に衰退した。外貨獲得はおろか、国内で消費する分ですら生産がおぼつかなくなり、輸入超過に陥ったジンバブエ財政は急速に悪化、ジンバブエドルは急落し、インフレが加速し始めたのだ。

二、ジンバブエの転落と惨劇

二〇〇六年から二〇〇九年にかけてのジンバブエは、まさに「国家破産の王道」というべき破局的混乱に陥った。私の著書でもたびたび取り上げており、特に近著『2026年 日本国破産〈現地突撃レポート編〉』では章を割《さ》いてその惨状を紹介している。詳しくはそちらを参照いただきたいが、ここでは国民がいかなる惨劇に襲われたのか、ポイントとなる部分をざっと紹介して行く。

まず挙げるのは、歴史上でも屈指となる極めて高水準のハイパーインフレだ。最もインフレがひどかった二〇〇八年のインフレ率は、年二億三〇〇〇万%にもおよんだ。パッと見ただけでは、どれくらいすごいことかわからないかもしれない。言い換えれば、物価が一年で二三〇万倍になった計算である。「率」から「倍」に読み替えても、やはりまったくわからない。わかりやすくするために、ものすごく乱暴にたとえるならば、「一〇〇万円の現金が、数ヵ月後にはほぼ何も買えないほど無価値になる」という勢いである。

当然、現地の経済活動は毎日が混乱と共にあった。現地で取材に応じてくれた人たちの言葉を借りると、通貨価値が「滝のように落ちて行き」、ハイパーインフレが「まるで津波のよう」にすべてを奪い去って行ったという。前述のトルコでも同様だったが、ジンバブエでも適正なモノの値段が付けられないほど物価が急変したため、ほとんどの取引は日計り商いとなり、商店では一日に何度も値札を架け替えたという。

政府は高止まりするインフレに対応すべく、二〇〇六年八月にデノミを実施したのだが、実はこれがさらにインフレに火をつけた格好となった。この時やったのは単なるデノミではなく、対米ドルのジンバブエドルのレートを六〇％切り下げ、通貨切換による旧紙幣の切り捨てといったものだったのだ。ある種の「徳政令」で、これによってジンバブエドルの信用は地に堕ちた。

そこからはもう、手の施《ほどこ》しようがないハイパーインフレの大暴走が始まった。すさまじく高騰する物価に紙幣が追い付かず、政府は次々と高額紙幣を発行したが、それすらも数日後には小額過ぎて使えないといった状態になって行った。最終的に二〇〇九年二月に自国通貨を放棄するまで、インフレの暴走は収まらなかった。その直前には額面が「一〇〇、〇〇〇、〇〇〇、〇〇〇、〇〇〇ジンバブエドル」（一〇〇兆ジンバブエドル）という、子供銀行も真っ青の紙幣も作られた（残念ながら、それが日の目を見ることはなかった）。

現地取材では、ハイパーインフレに特有の笑い話のようなエピソードも聞くことができた。たとえば靴を買うには、四〇～五〇センチメートルほどの厚さの紙幣が必要だったという。「額」ではなくて「厚さ」で表現するのが、いかにもハイパーインフレの世界らしい。

また、テレビ一台を買おうものなら大仕事だ。車が必須なのだそうだが、それはテレビを運ぶためでなく、購入資金の札束を積むためである。それも普通車ではダメで、「バン」が必要なのだそうだ。トランク、後部座席に札をギュウギュウに詰め、助手席に手伝いを一人乗せて出かける。店で札を数えるのに、一人ではとても終わらないからだ。そして、店では店員も総出で札を数えるものの、皆だんだん馬鹿らしくなり、最後は札束の重さを量って大体ですませるのだという。「額」でも「厚さ」でもなく、札束の「重さ」で取引するというのは、ほかのどの国でも聞いたことがなかった。さすがは歴代最高レベルのハイパーインフレの国だけあって、札束の扱い方も別格だった。

さて、当然のことながら、電気、ガス、水道などの生活インフラは、ほとん

ジンバブエの首都ハラレの中心街で物乞いをする老女。かつてハラレはアフリカでもトップクラスの大都会だったが、国家破産で荒廃し多くの国民が没落し、全財産を失った。
（2010 年ジンバブエ　浅井隆撮影）

どが機能停止のような状態となった。日に何度か停電する、どころではなく、何日も停電したままということもざらにあったという。ガスはボンベの補充にくる人がいなくなり、水道も滞った。何かが壊れても誰も直しにこないため、人々はあきらめて井戸から水を汲み、街はずれで薪《まき》を拾い、焚火《たきび》で煮炊きをしたそうだ。

影響は、街並みにも当然のごとく現れた。ビルの窓は割れても直さない、町の至るところにゴミの山ができ誰も掃除にこない、道路は穴ぼこだらけで極めて危険、というありさまだった。

人々は、違法とわかっていても価値が暴落しない「米ドル」を欲《ほっ》した。ヤミ屋があちこちで横行し、そこでは米ドル建ての取引も普通に行なわれていた。公定レートと闇レートの乖離《かいり》が激しく、人々は割損な表向きの公定レートでは取引しなくなって行った。

大多数の国民は、食うや食わずの貧困状態に叩き落された。スーパーには食料品も日用品もほとんど並ばず、ホロ付きの車が横付けされると「仕入れがあ

今でも物々交換があらゆるところで行なわれている。
（2010 年ジンバブエ　浅井隆撮影）

る」と人々が群がり、食糧をわけてくれと懇願する風景が日常となった。

また、商売人には悪い輩《やから》も増えた。商品に別のものを混ぜ、嵩増《かさま》しすることが横行したのだ。砂糖袋の下半分が砂だったとか、食用油の下半分が謎の液体だとか、そんなものが当たり前に出回ったのだという。

そんなことだから、自給自足も普通に行なわれた。家の庭、近所の空き地など、耕せるところはどこでも耕して食べ物を植えたそうだ。また、頼りにできる人のいないおばあちゃんなどは、庭に植えられたフルーツだけでしのいだという話も聞く。無人島サバイバルもかくや、の過酷さだ。

そして、最も深刻だったのが「医療の崩壊」だ。診療待ちで長蛇の列ができ、いつ受診できるかもわからない上、ろくな治療も受けられず、薬もない。医者のモラルも地に堕ちた。医者が患者に「個人的に診てやる」と声をかけ、診察を受けたところ、ろくな治療もしないのに法外な診察料を請求されたという。しかも、痛み止めだけ渡されて誤魔化され、いよいよ重篤になって家族が病院に連れて行くと、「肝臓がん」と診断されたそうだ。しかし、入院したところで適切な薬も手術もままならず、いよいよ余命数日という段になって家に連れ帰ろうとしたら、これまた法外な治療費を請求されたというのだ。強引に家に連れ帰った一週間後に、その人は亡くなったという。こんな話が山のようにあったそうだ。

一事が万事この調子で、まるで地獄のようなありさまであった。子供たちは教育を受けられず、大人たちのほとんどは仕事がないため道端にうずくまるしかない。一時は失業率が七〇％とも九〇％とも言われたが、大半の国民に仕事がない状態など、想像を絶する。多くの人が国を見限って、隣国の南アフリカやザンビア、ボツワナなどに避難した。その数、およそ三〇〇万人。人口の四分の一が海外に流出したのだ。

三、いまだ重大な事態から抜け出せないジンバブエ

二〇〇九年二月に自国通貨を放棄したジンバブエは、米ドルをはじめとした外国通貨の流通を認め、物価の安定を図りつつ財政再建と経済の立て直しを目

指した。しかしながら、その道のりは険しく、いまだに二〇〇〇年代以前の繁栄には遠くおよばない。二〇一七年には事実上のクーデターが発生し、ムガベは大統領の座を追われたものの、その後の軍主導の政権が進める経済復興はいまだ緒《しょ》に就《つ》いたとは言いがたい。

また、二〇一九年には法定通貨を再度導入し外貨使用の禁止を定めたもののインフレが再燃し、わずか一年足らずで再び米ドルの流通が認められることとなった。

国家破産以降も迷走が続くジンバブエでは、相変わらず国家の信用は取り戻せず、高インフレ、食糧不足に苦しんでいる。果たして、悪夢の連鎖がいつ断ち切られるのか。希望の光はまだ見えない。

ギリシャ（二〇一〇年）

次に見て行くのは、ギリシャだ。ここまで見てきたロシア、トルコ、アルゼンチン、アイスランド、ジンバブエといった国々は、途上国や新興国、旧植民地という位置付けであったが、ギリシャは押しも押されもせぬ先進国である。そのギリシャですら、国家破産し衰退の道を歩むのである。同じ先進国として、私たち日本人が最も参考とすべき事例と言えるかもしれない。

一、破滅の扉は、突如開かれた

リーマン・ショックの余波がまだ残る二〇〇九年一〇月、ギリシャ政府が衝撃の事実を公表した。なんと、それまでの政権が公表していた財政赤字は過小なもので、実際にはその数字は大幅に膨らむというのだ。国家ぐるみの粉飾決算、そして大きく膨らむ財政赤字という事実に、ギリシャの信用は失墜した。

一二月にはＳ＆Ｐ（スタンダード・アンド・プアーズ）がギリシャの長期格付けを大幅に格下げし、ユーロ売りが加速する。さらに、ギリシャ政府が発表した財政再建策が大甘だったことに非難が集中し、二〇一〇年四月にも再び格下げされると、ギリシャ国債は暴落した。

ＥＵ全体に危機が波及する懸念から、二〇一〇年五月にはＥＵとＩＭＦは金融支援を決定したが、ギリシャの債務危機は収まる気配を見せなかった。最終的に、ギリシャは二〇一二年と二〇一五年にも追加の金融支援を受けているが、支援の交換条件となる〝財政緊縮策〟はその分だけ極めて厳しいものとなった。

二、典型的な政治腐敗がもたらした危機

では、なぜギリシャは莫大な財政赤字を積み上げ、そしてそれを隠ぺいしたのか。一言で言えば、「典型的な政治腐敗」である。それも五年、一〇年の話ではない。一九七四年の民主化以降、危機に陥るまでの三〇年以上にわたる〝筋金入り〟の腐敗である。

ギリシャの歴史は長く、石器時代や青銅器時代から文化的な足跡をたどることができる。紀元前七〇〇年代にはポリス（都市国家）が成立、以降はギリシャ文明の大繁栄、ローマ帝国の台頭と衰退、異民族の侵入、オスマン帝国の台頭、フランス革命に端を発する欧州世界の民主化、独立化機運といった世界

史の大きなうねりに常にさらされ続けてきた。

一八二一年の独立後もそれは変わらず、欧州・中東各国の様々な思惑に翻弄《ほんろう》され続けた。第二次世界大戦前後には共産主義と民主主義の対立に巻き込まれ、第二次世界大戦後には内戦が勃発、一九六七年には軍事政権が樹立する。

このような紆余曲折《うよきょくせつ》を経て、一九七四年の民主化により現在の国家形態が確立したわけだが、これですべてが良くなったかと言えばまったくそうではない。民主化以前から連綿《れんめん》と続いてきた政治闘争が、民主化後は財政・経済を中心に繰り広げられるようになったのだ。

政治家たちは国家の繁栄や国民の幸福を目指して財政・経済を運営するのではなく、財政・経済を利用した権力闘争に明け暮れた。ギリシャの二大政党である社会党（全ギリシャ社会主義運動）と民主党（新民主主義党）は、いずれもが大物政治家の血筋を連綿と受け継ぐ典型的な世襲団体である。

そしてその求心力の源泉は、露骨な利益誘導だ。権力を握れば様々な利権に与《あずか》れる。経済発展や産業育成などは二の次に、いかに自らの陣営がより多くの利益を手にするか、両党共にそのことに血道《ちみち》を上げてきたわけだ。

民主主義において、権力を得るには票を集める必要がある。国民も楽をして利益を手にしたいと考えれば、政治家にそれを求める。かくしてギリシャは、「衆愚政治」へと堕《だ》して行った。ギリシャの財政赤字が膨れ上がったのは、公務員への賃金や年金の支払いが主な要因だが、そうした構造ができ上がったのは衆愚政治によるものなのだ。

ただ、ギリシャ経済は幸運なことに、好調を維持した。歴史的遺産が多く、気候も良好で風光明媚《ふうこうめいび》、まさに観光に適したギリシャは、観光客が落として行く金で潤《うるお》っていたのだ。特に、ユーロ導入前は自国通貨ドラクマが弱かったことも幸いした。また、ユーロ導入後も幸運は続いた。二〇〇四年にアテネ・オリンピックが開催され、「五輪景気」に沸《わ》いたのだ。

しかし、ギリシャの幸運はここまでだった。五輪が終わると、それと共に建設ラッシュも終わり、またブームの反動で観光客も減少した。折しもサブプライムバブルの到来で欧州諸国は好景気に沸き、ユーロも高値になって行った。

自国通貨を持たないギリシャは、ユーロ高によるユーロ圏外からの観光客の減少という状況に陥った。ギリシャ政府は景気対策の財政出動を行ない、財政赤字を積み上げた。また、オリンピック施設の建設費も財政に重くのしかかった。

財政規律が緩《ゆる》む一方で、EU加盟国であるギリシャは日本などと比べてもはるかに厳しい財政規律を求められている。もし放漫財政が明るみに出れば、EUから財政緊縮を要求されることは必至だ。しかし、衆愚政治に陥ったギリシャで国民受けの悪い緊縮策をやろうという政治家など一人もいない。かくして、ギリシャの政治家たちは禁断の方法に手を染める――統計部門に圧力をかけ、財政赤字を粉飾したのだ。

実は、ギリシャの「粉飾決算」は二〇一〇年が初めてではない。二〇〇四年にも財政赤字の過少申告が明るみに出て、EUが是正を求めた経緯があるのだ。いわば常習犯であり、EU諸国はギリシャ政治の悪質さをもはや見逃すことはできなくなった。

三、財政緊縮と国民の苦境

そうした経緯もあって、金融支援に乗り出したＥＵとＩＭＦの支援条件は必然的に厳しいものとなり、また条件交渉も難航した。ただ結局のところ、条件を呑《の》まなければ支援は受けられず、そうなるとより深刻な事態になることは明白である。ギリシャ政府は、国民の猛反対・猛抗議を受けつつ、財政再建策を受け入れた。その内容は、増税、年金改革、公務員改革、公共投資削減といった厳しい財政緊縮、さらに公益事業などの大規模な民営化といった構造改革も条件とされた。

長年の放漫財政のツケは、ギリシャでも国民が払わされることとなった。まず、大きな影響を受けたのは年金生活者だ。ギリシャではおおむね五五歳から年金を受給できたが、二〇一〇年には六五歳に、二〇一二年には六七歳に受給開始年齢が引き上げられた。支給額も大きく減額された。平均年金受給額は、二〇〇九年時点の一三五〇ユーロから二〇一五年六月には月額八三三ユーロと約四割も減額されている。年金カットはその後も続き、二〇一七年頃には月六〇〇ユーロまで減らされたという例もあるという。

公務員改革で大胆なリストラが行なわれ、公共サービスは著しく劣化した。郵便局では遅配が当たり前となり、窓口も五人いたところが二人になるなどし、仕事が回らず窓口には常に長蛇の列ができた。

公共サービスだけではない。医療崩壊も深刻なものとなった。その様子を、当時の「現代ビジネス」から引用しよう。


公立病院が医薬品や衛生用品などを購入する費用を政府が捻出することができないため、公立病院にそれらが納品されない状況になっている。そのため緊急の手術は受けつけるけれども、急を要さない手術などは無期延期状態。早期に治療できず、以前なら助かる病気も助からないという悲劇的な事態に陥っています。

（『現代ビジネス』二〇一五年七月一二日付）

公務員のリストラ、年金や給与の減額など著しい緊縮は失業率の急騰も引き起こした。先進国であるにも関わらず、二〇一四年一一月には二五・八%を記録、二五歳未満の若年失業率に至っては四九・八%という途上国並みの水準に陥った。若者の二人に一人は仕事がないというのは、極めて危険な状況である。

また、リストラや年金・給与のカットなど、生活に関わる大きな緊縮策はおのずと軋轢《あつれき》を生じさせた。デモやストライキが全国各地で勃発し、さらにそれが暴徒化したのだ。特に凄惨だったのが、二〇一〇年五月五日に起きたアテネのデモだ。一〇万人が参加したこのデモは、はじめは穏やかなものだったというが、途中から無政府主義者が煽動して暴徒化し、投げ付けた火炎瓶《かえんびん》が銀行の建物を燃やして、行員三人が死亡したのだ。

ほかにも二〇一一年一〇月のデモでは一人が死亡、七四人が病院に搬送され、また二〇一二年一〇月のデモでも一人が死亡している。背景には、将来を悲観した若者たちが、過激な無政府主義者の集団に参加する例が増加していることもあるという。

当時はあらゆるところでデモや集会が行なわれていた。

ATM や銀行のあるところには、必ず大行列ができていた。
（2015 年ギリシャ　第二海援隊特派員撮影）

こうした社会の混乱は、楽天的で陽気なギリシャ国民にも深刻な影を落とした。その象徴的な出来事は、二〇一二年四月に起きた老人の抗議自殺だ。年金カットの生活苦にあえいでいた七七歳の老人が、国会議事堂前のシンタグマ広場で自殺を図ったもので、遺書には「無能な政府が国民を貧困と屈辱に叩き落とした」「食べ物を探してゴミ箱をあさる前に見苦しくない最後を迎えるよりほかない」と綴《つづ》られていたという。

緊縮財政後の自殺の増加は、統計にも現れている。二〇一一年、自殺率が前年同期比で四〇%も増加し、経済的困難と自殺との強い因果関係が認められたのだ。自殺以外にも、現実逃避のためにアルコールや薬物に手を染める人が爆発的に増加、社会問題化している。二〇一五年の預金封鎖時に現地取材を敢行した特派員は、炊き出し会場には麻薬中毒者や精神病と思《おぼ》しい挙動不審な人たちが集まり、まるで〝ゾンビの群れ〟のように徘徊していたという衝撃的な報告をしている。

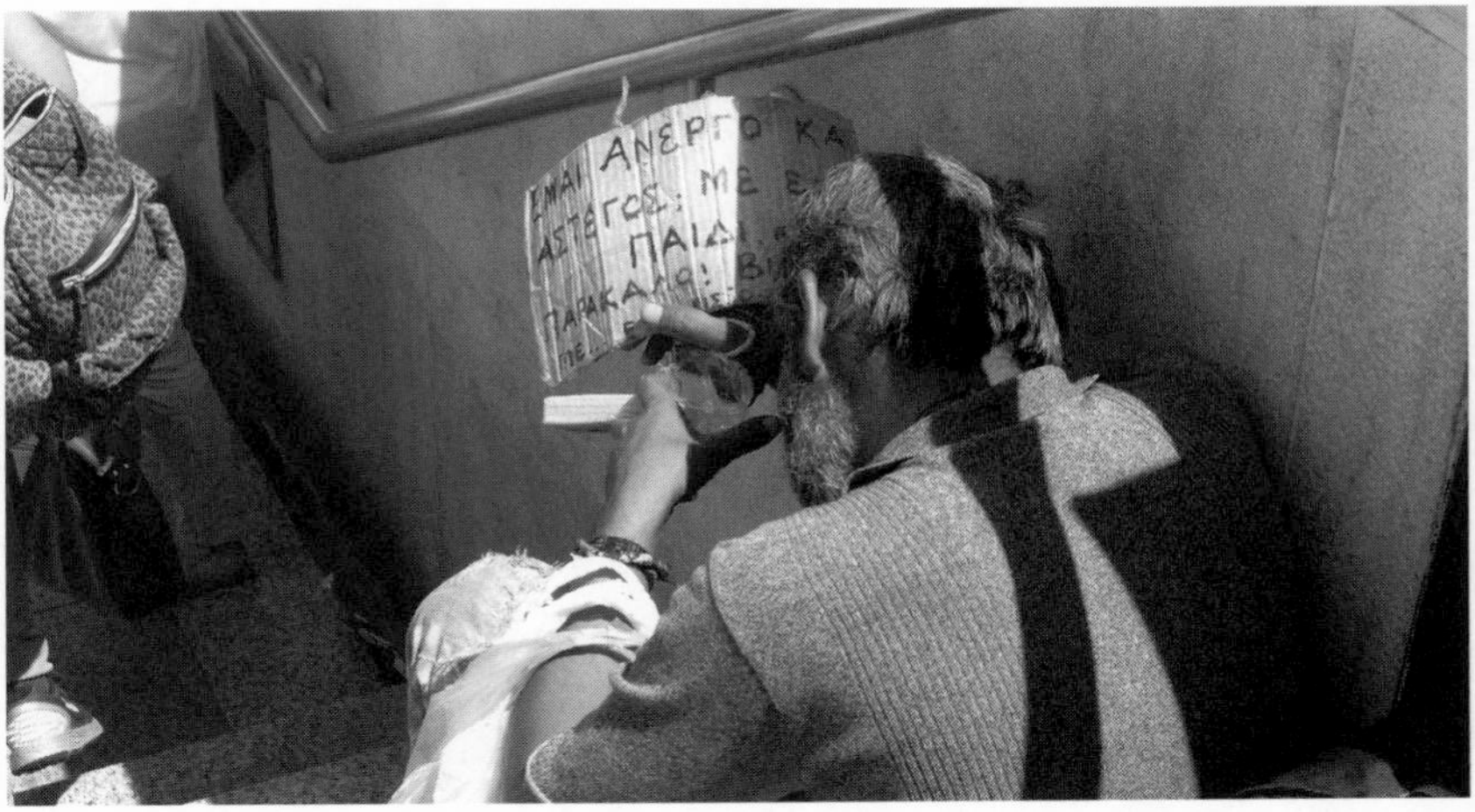

物乞いをする人はいたるところにいる。高齢者が多い印象だが、
中には比較的若い人もいた。（2015 年ギリシャ　第二海援隊特派員撮影）

四、預金封鎖パニック

このように、財政再建による国民の苦境はあらゆるところにあらゆる形で噴出したが、さらに国民をパニックに陥れる出来事が起きた。二〇一五年六月二八日、突如として「預金封鎖」が宣言されたのだ。

発端は、二〇一五年一月の総選挙で反緊縮財政を謳《うた》った急進左派連合(SYRIZA)が第一党となったことにある。緊縮を求めるEUとの対立構造が鮮明となり、財政破綻リスクが高まったことで、国民は銀行から多額の預金を引き出すようになった。資金流出を食い止めねば、ギリシャは再建する前に破綻する――かくして、預金封鎖は実行された。

パニックは様々な形で起きた。まず、ATMには人々が長い列をなした。その様子を取材した特派員によると、ATMが設置されている場所には朝早くから行列ができ、また人通りの少ないバイパス沿いですら、ATMがあれば数人から一〇人前後は人が並んでいたという。皆整然と、静かに並んでいるものの、どこに行っても行列があり、その先にATMがあるというのは実に異様な雰囲気であっただろう。

現金引き出しが制限された影響は、思わぬところにも現れた。なんと、預金封鎖の期間中、葬儀費用を払えない市民が増え、埋葬できずに長期間保管される遺体が増えたというのだ。ギリシャでは死後すみやかに葬儀を行ない、費用は現金で払うのが通例だった。しかし一日に金融機関から引き出せる現金が六〇ユーロに制限されたことで、最低八〇〇ユーロはかかる葬儀費を払えない遺族が増えたのだ。

こうした事態を予想していた人々は、海外への資産移転やタンス預金で資産防衛を進めていたが、それでも実害を免れない例もあったようだ。

ギリシャ紙「コントラ」によると、銀行が休止していた期間のギリシャでは自宅から多額の現金が盗まれるという事件が相次いで起きたというのだ。記事では、ロードス島に住む男性が全財産に当たる五五万ユーロ（約七五〇〇万円：一ユーロ＝一三六・四円〈当時〉で計算）が盗難に遭ったと伝えている。この男性はギリシャのユーロ離脱を視野に入れ、あらかじめ預金を引き出して自宅の金庫に保管していたのだ。

タンス預金は有事に一定の資産防衛効果を期待できるが、逆に盗難や焼失といったリスクも大きい。一つの対策法しか取っていないということは、実は非常に大きなリスクとなるのだ。

五、ギリシャ社会に残された爪痕

財政再建の紆余曲折と、国民の塗炭の苦しみから一二年後の二〇二二年四月、ギリシャはＩＭＦに最後の債務返済を完了し、ようやく一息つくところまでたどり着いた。政府債務残高も、ＧＤＰ比二一二％（二〇二〇年）から一七七％（二〇二二年）に縮小している。

また、経済成長率も二〇二一年が八・四％増、二〇二二年が五・九％増と好調だ。Ｓ＆Ｐによる格付けも引き上げられ、ＢＢ＋にまでなっている。投資適格級のＢＢＢまで、あと一歩のところまできたのだ。

しかし、この経済回復には前述のような国民の大きな犠牲が伴った。雇用機会が減少し、さらに賃金カットを行なった影響から、人材流出が止まらず人口が減少し続けている。貧富格差の目安となる相対的貧困率はＥＵ諸国でも相当に高い部類であり、「ごく一部の金持ちと大多数の貧困層」という構図ができていることが見て取れる。多くのギリシャ国民の苦悩は、まだしばらくは続くことだろう。

キプロス（二〇一三年）

ギリシャの債務危機の影響が直撃した国がある。キプロスだ。

二〇一三年に起きた「キプロス・ショック」では、危機に陥った銀行の整理・再編に当たって「ベイル・イン」と呼ばれる手法が用いられ、大口預金者の資産が軒並み破綻処理に消えた。あまり類を見ないこの方法は、銀行の利用者たちに激しい衝撃を与える「劇薬」にも等しいものだった。

ほかの事例に比べて金融危機の収束は速やかだったものの、前代未聞というべき苛烈《かれつ》な方法が用いられたことで、以後の金融危機においてもこの方法が取られるのではないか、という大きな不安を残した重要な事件と言える。

一、複雑な国・キプロス

地中海の東部、トルコの南にあるキプロス島は、欧州・中東世界の複雑な歴史を凝縮したような島である。元々ギリシャ系住民が入植していたキプロス島は、ローマ帝国が広大な版図を誇《ほこ》っていた時期にはローマ属州となり、中世以降はイングランドが領有権を持った。のちにヴェネツィア共和国に譲渡されると、一六世紀にはオスマン帝国がヴェネツィアからキプロスを奪取《だっしゅ》、以後はトルコ系住民も一定数定住するようになった。

このような背景から多民族が定住したキプロスだが、一九世紀後半にはイギリスがエジプト植民地化に際してキプロスに戦略的価値を見出し、オスマン帝国に便宜を図る見返りとして統治権を獲得する。しかし、第二次世界大戦終戦と共に帝国主義が崩壊すると、キプロス内でイギリスへの抵抗運動が高まり、一九六〇年に「キプロス共和国」として独立を果たした。

しかし、ことはそれで終わらなかった。島民の八割に当たるギリシャ系住民たちは、ギリシャへの併合を求めていた。独立後もギリシャ、トルコ、イギリス、国連などがそれぞれの思惑を抱えつつ事態の調整を図っていたものの、一九七四年についに均衡が破れる。併合を求めるギリシャ系の強硬派がクーデターを起こし、トルコ軍がトルコ系住民の保護の名目でキプロスに侵攻、島の北部を占領したのだ。

以降、住民間ではたびたび衝突が起き、虐殺なども相次いだ。一九八三年にはトルコ系住民が「北キプロス」の独立を宣言。この「国」はトルコ以外どの国も承認していないが、島は完全に南北に分断された。二〇世紀に入ってからは南北融和が進み、島民が自由に行き来できるほどにはなったものの、歴史によって積み上がった「もつれ」はそう容易には解消されるものではないだろう。

二、キプロス・ショックはなぜ起きたか

さて、キプロスはなぜギリシャ債務危機のあおりを受け、金融危機に陥ったのか。元々キプロスは小さな島であり、主要産業も観光が主力であった。特に独立後は、ハリウッド俳優や多くの著名人がバカンスに訪れ、世界最高級のリゾート地もあったほどだ。

しかし、欧州の景況に左右される状況が長く続き、政府は新たな産業育成を企図して二〇〇〇年代には金融業にも注力した。高金利と低税率を武器にしたオフショア金融センターを創設し、ロシアをはじめとした海外から多くの資金を誘致することに成功した。

観光業に続く新たな産業育成は、しかし大きな危機を招き入れることとなった。莫大な海外マネーを運用するため、キプロスの銀行は民族的にも関係が深かったギリシャを活用していた。ギリシャ企業などへの融資、ギリシャ国債をはじめとした債券への投資を手厚く行なっていたことで、ギリシャが危機に見舞われると、見事にその巻き添えを食らったのだ。

いよいよ行き詰った二〇一二年六月、キプロスはEUに支援を要請する。しかしこの要請は、しばらく保留状態に置かれてしまった。その理由は定かではないが、いくつかの要因が推測される。まず、キプロスの経済規模と、それに比していびつなまでに金融業界が大きかったこと、そしてもう一つがキプロスの金融業界が国際的な金融犯罪に手を染めていた可能性があったためだ。

二〇一三年当時、キプロスのGDPはユーロ圏全体のわずか〇・二%であった。それに対し、キプロスの銀行資産はGDPの八倍もあったのだ。そして、その資金の出し手の三分の一がロシア系の資産家たちによるものだった。さらに、マネーロンダリングの疑いも浮上していたのである。折しも、ギリシャをはじめ南欧諸国の債務問題が浮上していた時期である。「自業自得であり、些事《さじ》である」――EUがそう考えて店《たな》ざらししたとしても不思議はない。

そして、いよいよ運命の瞬間がやってくる。銀行の資金がショート目前となった二〇一三年三月、再度の救済を求めたキプロスに、EUとIMFが過酷な条件を出したのだ。その内容とは、一〇〇億ユーロの救済資金を出す代わりに、キプロスの預金者にも五八億ユーロ負担をさせることを迫ったのだ。

キプロス政府には、もはや選択の余地はなかった。支援を受ける代わりに、預金者に負担させる道を選んだのだ。かくして二〇一三年三月一六日、キプロスの銀行は三月二八日までの営業停止を突如発表、預金は封鎖された。営業再開までは一日一〇〇ユーロに引き出しが制限され、営業再開後も一日三〇〇ユーロの制限が継続された。引き出し制限は、二〇一四年三月末まで継続した。

預金を封鎖して資金流出を食い止めている間に、預金者への負担策も協議され、最終的に次のような措置が下された。

キプロス銀行：個人・法人を問わず一〇万ユーロを超えた預金を保有している人を対象に、一〇万ユーロを超えた分の四七・五%をキプロス銀行の株式に転換。株式に転換した以外のユーロ資産は、すべて没収。一〇万ユーロ以下の預金は全額保護。

ライキ銀行：個人・法人を問わず一〇万ユーロを超えた預金を保有している人を対象に、一〇万ユーロを超えた分はすべて没収。一〇万ユーロ以下の預金は全額保護。

これによって、キプロスに資産を預けていた海外の資産家たち（ロシア系が多い）は、資産の多くを没収された。

ただ、彼らはマネーゲームに負けたのだから仕方がない。しかし、多くのキプロス国民はそのとばっちりを受けて、経済混乱に叩き落されたわけだからたまったものではない。預金封鎖当時の混乱ぶりを、二〇一三年三月二二日付のウォール・ストリート・ジャーナルは次のように伝えている。


アンドリアス・イアーニさんは、キプロスの首都ニコシア中心部で来客の多いガソリンスタンドを経営する。そして、給油を待って列を作る客に対し、切実なお願いをしている。現金でお願いします、と。

イアーニさんは二〇日、商売を続けるためにガソリンの供給確保に、代金の約三分の一に相当する二万二〇〇〇ユーロ（約二一〇万円※当時のレート）を現金で前払いしなければならなかった。イアーニさんは今、在庫を補充するために十分な現金を調達する必要がある。

キプロスでは二一日、銀行閉鎖六日目となり、同国の経済は現金ベースの急激なダイエットの真っただ中にある。国民の購買力は、現金自動預払機（ATM）からの毎日の引き出しが認められている限度額以下に抑えられている。

同国の政治家が欧州連合（EU）との新たな救済策交渉に努めるなかで、同国のよろめく金融システムの将来をめぐって不透明感が強まっている。商店はおおかた小切手での買い物を拒否し始め、窮境にある銀行口座とつながっているデビットカードやクレジットカードでの決済に対する不安がますます高まっている。（中略）一方、キプロスの一般国民は必需品以外は購入を避け、できるだけ可能な限りの現金をATMから引き下ろすために、ATM前に列を作って待っている。

化粧品輸入会社の経営者、ギオルゴス・キリアキデスさんは二一日朝、キプロスのライキ銀行のATMに並びながら、「明日になったら何も引き出せないかもしれないのでここにいる」と話した。

商店や小規模企業の大部分は引き続き営業を続けているが、取引がすべて現金にシフトするなかで、経営者が業務のやり方を調整しつつあり、経営者の多くは新規の仕入れについては縮小せざるを得ないと話している。

家族経営のスーパーマーケットを営むキリアコス・パパイアニスさんは、現金をなるべく使わないように一部商品については少なめに仕入れているという。パパイアニスさんは二一日、通常仕入れるよりもずっと少ない赤ちゃん用の粉ミルクの仕入れに四〇〇ユーロの現金を支払った。ある年配の女性がパパイアニスさんの事務所に来た。ライキ銀行の一七〇ユーロ分の小切手で食品を買い、残りは現金でもらえるかと尋ねると、パパイアニスさんは即座に、「あり得ない」と答えた。この女性は何も買わずに出て行った。

また、レストランと売店を経営するサキス・シアコポウロスさんは、支払いのために物々交換を行なっている。シアコポウロスさんは、ギリシャの肉の供給元が銀行振替での支払いの代わりにキプロス産ハルミチーズを送ることで合意してくれたと話す。

シアコポウロスさんは「もし私があなたに小切手を渡しても、私が明日も生き続け、破産していないかどうかは誰にもわからない」と話した。同氏はその後、急いで売店に戻り、たばこの卸業者に五五〇ユーロをもちろん現金で支払った。

商店がクレジットカードやデビットカードの受付を停止するのではないかとの懸念が広がるなかで、国民の多くが二一日夜、できるだけ多くの現金を引き出そうとATMに駆け付けた。（後略）

（ウォール・ストリート・ジャーナル二〇一三年三月二二日付）

結局のところ、国家破産や金融危機で苦しむのは国家でもお金持ちでもない。苦しむのはいつでも、〝その国に住む一般の庶民たち〟なのだ。

ベネズエラ（二〇一八〜一九年）

数々の破産国家を取材してきた私が、唯一取材を断念した国がベネズエラだ。一般的に、破産した国であってもよほどのことがなければ渡航できないことはないのだが、ベネズエラの場合はかなり特殊なケースだった。

国家破産の取材に付きものの〝リスク〟はいくつかある。治安の悪化、公衆衛生の悪化と疫病、行政の混乱などが典型的なもので、程度にもよるがこれらは対処のしようがある。現地で信用できる人を雇い、警護を付け、衛生対策を万全にするといった方法だ。

しかし、ベネズエラの場合はどうにも手出しができなかった。政府による弾圧が行なわれていたためだ。マドゥロ氏率いる現政権は強硬な反米路線を取っており、西側諸国とは対立関係にある。独裁体制を布《し》き、徹底的な情報統制の下反対勢力を徹底的に粛清《しゅくせい》・排除していた。こんなところに西側諸国の一員である日本から取材に行けば、問答無用の粛清対象になるのがオチだ。

警察や密偵《みってい》も使ってあらゆる統制工作が行なわれているため、現地で護衛や案内人を雇おうにも誰も信用できない。ちょっとでも国に不都合な動きをしているとみなされれば即座に拘束され、生きて戻ってくることはできないだろう。

私は現地入りをあきらめ、アルゼンチンとキューバでベネズエラ人を取材することにした。長年国家破産を取材しているが、ここまでのことはなかなかあるものではない。ある意味、他国から取材に行けないほどの極限状態ということである。なぜベネズエラは、こんな状態になってしまったのか。

一、政治が危機を招いたベネズエラ

ベネズエラは、アルゼンチンと同様にかつては外貨獲得で大いに潤った富裕国家だった。それがなぜ、破綻国家に転落したのか。

端的に言えば「政治の失敗」である。中南米のほかの国と同様に、ベネズエラもスペインの植民地であったが、フランス革命を起点とした欧州の混乱と、それに乗じた独立機運の高まりによって、一八二四年に独立を果たした。

二〇世紀初頭までは、コーヒーやカカオなどが主力の農業国で、あまり豊かな国ではなかったが、二〇世紀初めに転機が訪れる。一九一三年に油田が発見されたのである。

世界中で高まっていた石油需要の追い風を受け、ベネズエラは石油ラッシュに沸いた。一九二六年には世界最大の産油国となり、所得水準も一気に向上した。そして、一九五〇年には一人当たりＧＤＰが世界第四位になった。

ここからオイルショックが勃発する一九七〇年代までが、ベネズエラの繁栄期と言える。この時期には、莫大なオイルマネーで社会インフラが急速に整備され、ビル群が立ち並ぶ都市が発展した。

ただ、繁栄の裏には大きな社会問題もあった。石油依存の産業構造によって、貧富格差が増大したのだ。石油産業は多くの資本を必要とするものの、労働力はそれほど必要とされない。そのため、資本家や権力者は石油で莫大な富を得ることができたが、大多数の国民は雇用もされず、恩恵を受けることができなかった。食糧も輸入に頼るようになり、国内農業も打撃を受け失業者が急増した。国民の四割が貧困層という、超二極化社会が形成された。

一九七〇年代に二度のオイルショックが到来すると、高騰する石油で空前の収入を得たベネズエラは積極財政に転じる。巨大コンビナート、天然ガスプラント、鉄道、橋の建設などの開発投資を加速した。

しかし、この財政規律のゆるみがアダとなる。八〇年代に原油価格が下落すると、一転して対外債務が膨らみ始めた。早くも一九八二年には、デフォルト（債務不履行）の危機に陥る。失業率は二〇％に達し、絶望的な貧富格差と相まってベネズエラの国家運営は急速に危うさを増して行った。

一九八九年にはペレス政権が財政緊縮を実施、立て直しを目指す。助成金の廃止、国営企業の民営化、通貨切り下げ、ガソリン価格の値上げなどによって、元々貧しかった大半の国民はさらに苦境に陥り、ついに長年の鬱積《うっせき》が爆発する。首都カラカスで起きた、「カラカス暴動」である。主に低所得者層によるこの暴動は、軍によって武力鎮圧され多くの犠牲者が出た。政府発表では二七七名、実際には数千名もの市民が殺害されたという。

この一件を機に、国民の中でクーデターの機運が急速に高まって行った。軍人だったウゴ・チャベスは、たびたびクーデターを企て投獄されるも貧困層の絶大な支持を集め、一九九八年にはついに大統領に就任する。

絶望的な貧富格差を是正すべく、医療無料化、失業者の職業訓練、地主からの土地接収と農民への分配など社会主義的政策を推し進める一方、既存の権力層の力をそぐため、大統領権限を強化した。富裕層や中間層からの不満は大いに高まったが、チャベスは親米的な富裕層に対抗すべく反米政策を強化し、権力を集約して独裁色を強めて行った。国民にはばら撒きを行なって支持を取り付け、財政赤字を大きく拡大させて行ったが、幸いなことに石油収入がチャベス政権を支えた。彼が幸運だったのは、在任中の一九九八〜二〇一三年のほとんどの期間で原油価格が高値圏にあったということだ。

しかし、未来永劫続く幸運などない。ベネズエラにも決定的転機が訪れた。二〇一三年にチャベスの後任に就いたマドゥロは、チャベス路線を継承したも

あまりにも治安が悪く、殺人、強盗は当たり前。しかしほとんどの場合、人々は警察を呼ばない。なぜなら警察自体が即席強盗に早変わりするので何の意味もないのだ。

（2018 年ベネズエラ　第二海援隊特派員撮影）

銃を構えて突撃してくる兵士。これを撮影したカメラマンも狙われ、まさに命を落とす寸前だった。

首都カラカスにて。

ののベネズエラ経済は放漫財政が原因でインフレが高進し、景気後退に見舞われていた。

そして、ついに運命の瞬間が訪れる。二〇一四年秋、原油価格が暴落し始めると、ベネズエラの石油収入は激減した。石油頼みのベネズエラ財政は瞬時に危機に転落した。インフレ封じのために価格統制を行なうものの、企業は高い仕入れ原価と政府が定める安い売値という状態に耐えきれず次々と倒産、物資不足が本格化した。何時間も店に並ばなければ、モノが手に入らない状況となり、一方で公定価格を無視したヤミ市が各所にできると、何倍もの値段にも関わらず大いに売れた。密輸も激増し、コロンビアなどの隣国に商品を持ち込んで高く売りさばく人も続出した。もはや、典型的な破綻国家の風景である。

二、ハイパーインフレが猛威を振るう

二〇一五年以降、ベネズエラはいよいよさらなる苦境に陥る。制御不能のハイパーインフレが、国民生活を一気になぎ倒して行ったのだ。

特にひどいのは二〇一八年で、インフレ率は六万五三七四・〇八％（ＩＭＦ調べ）であったという。一年間で物価が約六五〇倍という、すさまじい上昇率だ。しかしながら、実態はこれよりさらにひどいものと考えられる。二〇一九年には一万九九〇六％、二〇二〇年には二三五五％、二〇二一年には一五八八％と年々数字は減少しているものの、年間で一五〜一九九倍の物価上昇が何年も続いているのだ。また二〇一九年一月には、年率換算で二六八万％というすさまじいインフレが猛威を振るった。もう、国民生活はメチャクチャどころではない状態となった。

そして、政府が行なったインフレ対策もまた、メチャクチャなものだった。元々二〇〇〇年代後半からの慢性的インフレによって通貨価値が激しく下落していたベネズエラは、二〇〇八年にそれまでの「ボリバル」を廃し「ボリバル・フエルテ」に移行して三桁のデノミも行なった。しかし、ハイパーインフレによって「ボリバル・フエルテ」はわずか一〇年ほどですさまじい勢いで暴落する。これを是正するため、二〇一八年八月には五桁切り下げのデノミが実施され、新通貨「ボリバル・ソベラノ」への移行が行なわれた。

ここで、通貨政策が迷走した。通貨価値の維持を狙って〝ペッグ制〟を導入したのだが、反米路線ゆえ、ドルにペッグするわけにも行かない。そこで、政府が支援する仮想通貨「ペトロ」（石油の意）にペッグするという、謎の政策を実施したのだ。

政府の信認がないから通貨が下落しているのに、ベネズエラ政府が支援しているというだけで価値の裏付けも怪しい仮想通貨とペッグしても何の意味もない。余計に混乱をきたしたベネズエラでは、この通貨切換の翌日、ほとんどの商店が休業を余儀なくされた。それでも、幸か不幸か人々が商店にくることはなかったという。なぜなら、引き出し制限によって一〇ボリバル（〇・一七ドル）しかおろせないため、お金をおろす気も起きなくなった国民は、引きこもっていたからだ。その日、街に人影はなかったという。

混乱続きの「ボリバル・ソベラノ」も、収まらないハイパーインフレのおかげで短命に終わった。わずか三年後の二〇二一年、今度はボリバル・ソベラノを六桁切り下げ「ボリバル・デジタル」に切り替えると発表されたのだ。「ボリバル」の廃止からこの一五年ほどで、ベネズエラの通貨は〝一四桁〟も切り下げられた。奇《く》しくも「幻の一〇〇兆ジンバブエドル」と同じ桁数である。ベネズエラのハイパーインフレもまた、想像を絶するものだったことだろう。

このインフレを、庶民目線で見てみるとどうか。ブルームバーグが発表している「カフェ・コン・レチェ指数」が興味深い。ベネズエラ国民が愛飲するミルク入りコーヒー（カフェ・コン・レチェ）の価格を定点観測した独自のインフレ指標で、首都カラカスにあるとあるベーカリーの実売価格を参照している。これによると、二〇一七年二月二二日には一杯〇・〇二ボリバルだったものが、一年後の二〇一八年二月二八日には〇・五ボリバル、二年後の二〇一九年二月一三日には一八〇〇ボリバルになっていたという。二〇一八年からの一年間で三六〇〇倍、二〇一七年からの二年間だと、なんと九万倍というすさまじい上昇率である。

また、インフレによる通貨価値下落を、「給料」という観点でとらえた数字も参考になるだろう。次の数字は、首都カラカス市の事務職員（女性）の月給の推移だ。

二〇一三年八月　約三〇、〇〇〇円
二〇一八年八月　約三、〇〇〇円
二〇一九年八月　約三〇〇円
（北澤　豊雄著『混迷の国ベネズエラ潜入記』産業編集センター刊）

月三〇〇円である。これでは、ほとんど食べて行けないだろう。仕事によって多少差はあるが、二〇一九年九月現在の月給は外資系スーパーの店員で三〜五〇〇円、国営の総合病院で六五〇円、最低賃金が二〇〇円だったという。最悪は小学校教師で、なんと月給は一〇〇円である。もう、働けばなんとかなるレベルをはるかに超えている。

ちなみに、当時のベネズエラでマクドナルドに行くと、ハンバーガーのセットが約三〇〇円だったそうだ。月給がマックのセット一回に消える……とんでもない世界である。

三、国家破産と恐怖政治による「この世の地獄」

チャベス、マドゥロが行なってきた反米路線と独裁路線によって、ベネズエラは二〇一八年から一九年にかけて無間《むげん》地獄へと変貌した。深刻な財政難で食糧や物資の輸入もままならないにも関わらず、マドゥロ政権は「わが国に食糧危機はない」として西欧諸国の食糧支援を拒み続けた。反政府勢力を封じ込めるため、国家主導による政治的な迫害や暴力が蔓延し、人々は国を捨て次々に海外へ避難して行った。国連はこの状況を「人道的危機」と表現し、七〇〇万人以上の「ベネズエラ難民」が故郷を追われたとしている。

ベネズエラに残された人々の苦境はまさに地獄であった。その様子は拙著『国家破産ベネズエラ突撃取材』（第二海援隊刊）に詳しく記しているので、ぜひ参考にしていただきたい。ここでは、数あるエピソードのいくつかをかいつ

貧困層ではなく、一般の人までゴミあさりをするようになった。

これがいまや、ベネズエラ人の日常だ。
（2018 年ベネズエラ　第二海援隊特派員撮影）

たったこれだけの飲み物を買うのに信じられない額の札束が必要だ。

今日中に自分の番が来るかは誰にもわからない。

まんで紹介する。

まず、すさまじい食糧難である。あまりに食糧がないため、町ではゴミをあさって食べられそうなものを見つけ、その場で口にする人たちが多く現れたという。そういうことをしなさそうな、割と小ぎれいな身なりの人でもやっているというから、よほど食糧がないということだ。

驚愕するエピソードもある。二〇一七年、国がウサギを国民に配って繁殖させ、食糧にしようという「ウサギ計画」が持ち上がった。しかし国民は、ウサギを可愛がり一向に食べようとしない。そこで大統領がテレビに出演し、「ウサギはペットではなく、二・五キロの高たんぱくでコレステロールのない肉だ」（ロイター　二〇一七年九月一五日付）と訴えたのだ。本気か、と疑いたくなるが、当の本人はいたって本気だったのだろう。

また、この時期は動物園から動物たちが失踪する事件が相次いだ。のちに、これは盗難に遭ったものと判明したのだが、目的は転売だけでなく「食用」でもあったらしい。アルゼンチンでは「ネズミ・カエルで飢えしのぐ」というニュースがあったが、ベネズエラでは「トラやゾウ」で飢えをしのいだのかもしれない。

さて、食糧難の影響は数字にも如実に現れた。食料品を含む生活必需品の不足が深刻化し始めた二〇一六年、二〇一七年、二〇一八年と、ベネズエラ国民はそれぞれ平均して八キロ、一一キロ、一〇キロの体重を減らしたという。調査機関やサンプル数は年ごとに違うため、確度は高くないかもしれないものの、統計にはっきり現れるほどの体重減とは相当すさまじい。また、ベネズエラ国内の大学三校の調査によると、貧困率は二〇一四年の四八％から二〇一六年には八二％と急増し、二〇一七年には九〇％にまで増え、それと比例するかのように栄養失調を患《わずら》う人たちが続出しているという。

さらに凄惨なのは、そのしわ寄せが子供たちにきていることだ。ニューヨーク・タイムズは、二〇一七年一二月一七日のニュースで、生後一歳五ヵ月で餓死した男の子とその家族の葬儀の様子を伝えている。また、ウォール・ストリート・ジャーナル（二〇一七年五月九日付）も以下のように伝えている。

食べる男性。ハイパーインフレと国家の経済政策の失敗により、

（2018 年ベネズエラ　第二海援隊特派員撮影）

あまりのひもじさから、思わずゴミ置き場から食べカスを拾って
スーパーへ行ってもほとんど食べ物がない。まさに生き地獄だ。

カリタス（カトリックの慈善団体）がヤーレ（ベネズエラのシモンボリバル市内のある地区）など四つのコミュニティーで五歳未満の子供八〇〇人を対象に行った最新の調査によると、死に至る可能性のある重症の急性栄養失調に苦しむ子供は今年二月の時点で全体の一一％近くに上り、一〇月の八・七％から急増した。またおよそ五人に一人の子供が成長の阻害を引き起こす慢性的な栄養失調状態にあるという。

（ウォール・ストリート・ジャーナル二〇一七年五月九日付）

食糧難だけでもすでに重篤だが、ベネズエラの困難はこれだけではない。社会インフラが崩壊しているため、電気も水道も機能不全を起こしているのだ。

スリア州のカビアスという町では、二〇一八年の一年間で一五五日間もの間、電気がこない地域があったという。スリア州は一年中暑く、三五～四〇度にもなるが、電気がないためエアコンも冷蔵庫も使えず、それだけでもすでに命の危険を伴う。

また、水道も崩壊したため、近くの川から泥水を汲んできてそのまま飲んだり、ちょろちょろとしか出ない湧水《わきみず》を長い時間ためて飲み水にしたりと、著しい不便と不衛生を強いられているという。

医療崩壊も甚だしい。医療物資もほとんど入ってこないため、患者が自分で医薬品や医療用品を持ち込まないと治療が受けられないというのだから驚きだ。あるデータによると、医薬品は総需要のわずか一五％しか供給がなされていないという。重篤な病気にかかれば、もうそれは死と直結である。また、首都カラカスにあるドミンゴ・ルシアニ病院という総合病院では、一三室ある手術室のうち、機能しているのは三つか四つだという。首都の病院でこれであるから、あとは推して知るべしだ。

こうした原因は、物資不足だけに限らない。電気や水道などの生活インフラの機能不全、そして医師不足が深刻だからだ。それもそのはず、こんな国情であるから、医師になるほど優秀な人たちは別の国でやって行く方がいいのだ。実際、二〇一八年までに全体の五五％に当たる二万二〇〇〇人の医師と六〇〇〇人の看護師が国外に脱出したという。

治安は最悪である。二〇二〇年の国連犯罪統計などによると、ベネズエラの殺人発生率は人口一〇万人当たり四九・八八人で世界第一位となっている。毎日四〇人以上が殺人で命を落としているという計算だ。強盗、誘拐なども日常茶飯事で、私が取材した女性弁護士によると日中ですら強盗に襲われるという。たとえば携帯電話を目に付くように持っていると、強盗犯がバイクで近付き銃で脅すのだそうだ。抵抗すれば即射殺、目を合わせずに携帯電話を差し出す以外に手はないという、なんとも恐ろしい話である。

しかし、そんな治安状況より恐ろしいのが警察や自警団崩れ（コレクティーボと呼ばれる）だ。権力と武装をカサにきて平気で暴力を振るってくるという。ちょっとでも気に食わない人間を見付けると「検閲《けんえつ》」と称して因縁を付け、モノを巻き上げ暴行におよぶ。それを質《ただ》そうにも、大元の国家が腐っているのだからしょうがない。泣き寝入りするしかないのである。

また、国をこんな地獄にした政府に「腐敗している！」などと盾突《たてつ》こうものなら、それこそ「死」が待っている。実際、政治の腐敗と社会の混乱に憤《いきどお》りを覚える国民は非常に多いのだが、マドゥロ政権は「恐怖政治」でこれに応じている。二〇一七年に創設された警察の特殊部隊「ＦＡＥＳ」は、政府を批判する者を容赦なく殺害する実質的な暗殺組織だ。全身黒ずくめのその姿は、市民に「死の部隊」として恐れられている。うっかり国への不満を口にすれば、速やかに死が訪れるというわけだ。

そんな状態であるから、人口三〇〇〇万人のうち七〇〇〇万人が国外逃避するのも、まったく不思議ではない。

どの国家破産した国でも、国民が犠牲になっていた

ここまで見てきた通り、古今東西、財政破綻や金融危機に陥った国において、国民が財産を失わず、経済が混乱せず、地獄のような生活に転落しなかったという例はない。国家破産が起きれば、「必ず」国民が犠牲になる。国によってそ

の内容や程度に多少の違いはあるものの、貧困、治安悪化、生活インフラ・社会インフラの崩壊、人材流出などは、ほぼ必ず起こると言ってよい。翻《ひるがえ》ってわが国日本の状況は、過去に破局を迎えた国々をもはるかに超える政府債務を抱え、すぐさま破綻してもまったくおかしくない状況である。私たちは、そのことにもっと高い関心と認識を持つべきだ。次章では、日本がこれからどのように国家破産を迎えるのかを見て行こうと思う。

第三章　日銀発、国家破産——円は紙キレに

このままでは日本はＩＭＦ管理下に

吉野直之（慶應義塾大学名誉教授）

国家破産の前兆を知りたければ日銀に注目

　ここまで数多くの国家破産の事例をご紹介したが、国家破産には明確な定義が定まっておらず、その道程も、その時に起こることも千差万別である。しかも、今の日本は世界一の債権国であり、ここまで見てきた事例とはまったく状況が異なる。そのため、果たして日本が国家破産に陥る際にどのような状況になるのか皆目見当が付かず、対策ができないとお困りになるかもしれない。

　そこで、それを少しでも解決するための重要なヒントをご提供しよう。

　実は、今回の日本の国家破産は〝日銀発〟である可能性が極めて高いのである。だから、日銀の状況をつぶさに見ておけば、本格的に日本がおかしくなり始めるタイミングを見逃すことはまずなく、きちんと状況に応じた対応を行なうことができるだろう。

　もちろん突発的な有事、たとえば〝富士山噴火〟と〝南海トラフ地震〟が同時に発生し日本列島がパニックでぐちゃぐちゃになれば別であるが、そうでなければ国家破産は、日銀から何かしら〝前触れ〟が出てくるはずなのだ。

では、日本における国家破産の前兆がなぜ日銀から出てくるのか。それこそが、この章のテーマである。実は今、日本の中央銀行である日銀は、鎖《くさり》でがんじがらめに縛《しば》られて身動きが取れない状態に陥っている。一体、日銀に何が起きているのか。しっかりと見て行こう。

機能不全に陥る日銀と、日銀本来の役割

その銀行の本店は、東京都中央区日本橋にある。支店は三二ヵ所あり、北は北海道から南は沖縄まで日本全国至るところに散らばっている。都市を形成しているところであれば、そこそこ大きなスペースで銀行独自の建物がある。ところが、そんな立派な店舗があるにも関わらず、そこに預入《あずけいれ》や住宅ローンの相談に訪れる一般客はいない。この、一般には馴染みのない銀行が日本銀行

（日銀）である。日銀は銀行ではあるが、一般の人の預金を預かることはしない。

では、日銀は何をしているのか。日銀の役割は大きく三つある。一つ目は、「発券銀行の役割」である。日銀は、日本円の紙幣を刷る業務を担っている。お馴染みの一〇〇〇円札、五〇〇〇円札、一万円札を刷っているわけだ。

そして二つ目は、「銀行のための銀行」である。日銀は一般個人や法人からの預金は一切受け付けていない。その代わりに地方銀行やメガバンク、また信用金庫、外銀、証券会社などといった日本にあるあらゆる銀行、金融機関の資金を預かったり、またそれら金融機関に貸し付けたりしている。

そして三つ目は、「政府の銀行」である。政府は日銀に口座を保有しており、日銀は政府の資金の収入と支出を管理している。

日銀はこれらの役割を通して「物価の安定を図る」こと、そして「金融システムの安定に貢献する」ことの二つの重大な役目を担っている。この二つの重大な役目は、なにも日銀に限らず世界中の中央銀行が持つ共通のものである。日銀も当然これを重視しており、日銀のホームページにもしっかり掲載している。

日銀が掲げる「物価の安定」とは、言葉を変えると「通貨価値の安定」ということである。日銀は、自らが発行する紙幣の価値を毀損《きそん》することなく、一定に保たれるように管理している。これが日銀の役目であり、日銀が〝通貨の番人〟と呼ばれているゆえんである。それによって、日本国民は安心して日銀が発行した紙幣を使うことができるのである。

また金融システムの安定とは、極端な金融不安を起こさないようにすることである。日銀は〝最後の貸し手〟と呼ばれることがあり、それは一時的に資金不足に陥った金融機関に対してほかに貸してくれる対象がいない場合、日銀が必要な資金を供給することを指す。

今から五〇年ほど前の一九七三年に「豊川信用金庫事件」と呼ばれる信用金庫の取り付け騒ぎがあった。事実とは異なる噂によって、預金が大量に引き出されるという〝取り付け騒ぎ〟であったが、その時日銀は、名古屋支店から大量の現金を運び豊川信用金庫の店舗の窓口に現金をうず高く積むことで、慌てて引き出しに訪れた預金者を安心させ一連の取り付け騒ぎを鎮静化したという。

日銀の三つの役割

一つ目	発券銀行の役割
二つ目	銀行のための銀行
三つ目	政府の銀行

日銀の二つの重大な役目

① 「物価の安定」を図ること

② 「金融システムの安定」に貢献すること

まさに、金融システムの安定化に努めたわけだ。

このように、通貨の番人であり金融システムを守るのが中央銀行の使命であるが、その使命を帯びた日銀が現在、機能不全に陥っていることをご存じだろうか。特に通貨の番人としての役目は、今の日銀にどれほど期待できるのかは疑わしい。通常、中央銀行が通貨の価値を守る時に行なう方法としてまず考えられるのは、「金利の調整」である。シンプルに表現すると、通貨の価値を低くするためには金利を下げ、通貨の価値を高めるためには金利を上げるのだ。

通貨の価値を低くするための「利下げ」は、金利がほぼゼロの日本において一見不可能に見えるが実はそうではなく、やろうと思えばまだまだできる。一〇年以上前には常識とされていなかった「マイナス金利」、それを掘り下げて行くのである。

マイナス金利が初めて行なわれたのは、日本ではない。あまり知られていないが、政策金利にマイナス金利を初めて導入したのはデンマーク国立銀行で、二〇一二年七月のことである。そこから二年後の二〇一四年六月に欧州中央銀行が預金金利をマイナス〇・一％にし、同年一二月今度はスイス国立銀行がマイナス金利を導入した。その翌年二〇一五年にスウェーデンがマイナス金利を導入し、日本がマイナス金利を導入したのはさらにその翌年、二〇一六年二月のことであった。

マイナス金利は、初めにマイナス〇・一％ほどと少しの幅で行ない、それでもあまり効果が得られなければマイナス金利の幅を深掘りして行くのである。

それに対して通貨の価値を高める方法は「利上げ」である。金利を上げることで、その通貨を魅力的にして資金を集めて価値を高めるわけだ。実際に二〇二二年は、新型コロナによるロックダウンやロシアによるウクライナ侵攻などにより物価がどんどん上昇する（通貨価値がどんどん下落する）局面において、欧米では急激な利上げを行なっている。

アメリカの政策金利は二〇二二年二月までゼロ～〇・二五％だったが、それから一年数ヵ月後の二〇二三年五月初旬には五～五・二五％と五％も利上げが実施されている。同じように欧州中央銀行でも、二〇二二年六月にゼロ％だった政策金利がちょうど一年後の二〇二三年六月に四%まで引き上げられている。

アメリカや欧州中央銀行だけでなく、それ以外の世界中の多くの国や地域で利上げが実施されている。先ほど紹介した、数年前までマイナス金利を導入していた国々でもほぼすべてで利上げが行なわれ、すでにマイナス金利が解消されている。

ところが、このような環境の中でまったく利上げを行なっていない、稀有《けう》な国が存在する。それこそが、私たちの日本である。日本の政策金利は、二〇一六年二月にマイナス〇・一%とマイナス金利が導入されたが、それからいまだに一度も利上げが行なわれておらず、今では〝世界で唯一〟マイナス金利を導入している国となり果てている。

本来、マイナス金利とは〝おかしな現象〟である。貸した方が借りた方に金利を払うわけで、借りてそのままにしておけば元本が自然と目減りして行くのである。だからあくまで一時的な手段で、ずっと続けるものではない。それがわかっているからこそ、マイナス金利を導入していた他の国や地域では、今回の世界的なインフレをきっかけに利上げを行ない、その異常な状態から脱出したのである。

しかし、日銀はその状態を続けたままである。なぜ、日銀はマイナス金利を続けるのか。日本でインフレが起きていないわけではない。確かに欧米から見ると日本のインフレの深刻さは軽度であるが、それでもスーパーに行けば商品の値段は全体的に上がっており、それ以外にもガソリンや電気料金などあらゆるモノの値段が上昇している。しかも、為替を見ると日本円の価値が弱くなっていることが明らかである。二〇二二年の初めには一ドル＝一一五円だった為替は、二〇二三年六月時点で一四〇円台であり、二〇二二年一〇月二一日には一時的にではあるが一五一・九三円まで円安が進んだ。このピーク時の水準は、ドルから見て円の価値が二割以上、安くなったことを意味する。

このように、通貨円の価値が大幅に安くなったにも関わらず、通貨の番人である日銀は金利を上げることをまったくせず、世界の時流に反していまだにマイナス金利を続けたままなのである。

なんとも不思議なことであるが、これこそが日銀が今、置かれている状況なのだ。日銀は、通貨の番人でありながらその役目を全うできない、金利を上げることができないのである。現状において、もし日銀が金利を上げると、とんでもない事態を引き起こすことになるのだ。

それについて詳しく書かれたレポートがある。プレジデントオンラインに掲載された河村小百合氏のレポート『日本の財政が破綻すれば、週五万円しか引き出せない日々がずっと続く』である。

金利が上がると日銀破綻

河村小百合氏は、日本総合研究所調査部の主席研究員である。河村氏は京都大学法学部を卒業後、数年間日銀に勤めていたため、日銀の内部に詳しい。

その河村氏が前記のレポートで、「少しでも金利が上がると日銀が債務超過に陥り、円の信用が揺らぐ」と驚くべき発言をしているのである。問題の部分について、レポートの抜粋で見てみよう。

コロナ危機のもと、日本の財政事情がこれほどまでに悪化しても、もはや長期金利が上昇することはないかもしれない。それほどに、これまで日銀が行ってきた国債のいわば〝買い占め〟、すなわち〝金融抑圧〟の効果は絶大なものだ。コロナ危機が続いているのに、株式市場はバブル期以来の高値を記録している。これも日銀のＥＴＦ（株価指数連動型投信）買い入れの絶大な効果だろう。

しかしながら、それはこの国の経済や財政運営のすべてのリスクが、日銀に転嫁されていることを意味する。

ひとたびリスクが顕在化し、日銀が赤字ないしは債務超過に転落し、それが長期化する事態となれば、日銀の損失は年当たり数兆円の規模に達し、政府が補填を余儀なくされるであろう。

実際、日銀が保有する資産の加重平均利回りは二〇二〇年度上半期決算時点でわずか〇・一九八％しかなく日銀は今後、短期金利をたった〇・二％に引き上げるだけで〝逆ざや〟に陥る。一方、負債である当座預金の規模がすでに四八七兆円（二〇二〇年一一月末）にまで拡大している現在、〝逆ざや〟の幅が一％ポイント拡大するごとに、日銀は年度あたり五兆円弱の損失を被ることになる。日銀の自己資本が、引当金まで合わせても九・七兆円しかないことを考えると、日銀が債務超過に陥る可能性は大きい。

日銀が債務超過に転落した時には、おそらく通貨としての円の信認も同時に問われる事態となり、円安圧力が大幅に高まるだろう。そうなれば、日銀としては本来、金利を引き上げて円を防衛せざるを得ない。

しかしこれだけバランス・シートを拡大させてしまった日銀は、今後、金利を引き上げるためには、抱え込んだ巨額の当座預金に付利する金利水準を上げていくよりほかにない。付利水準の引き上げは、日銀の債務超過幅をさらに拡大させることになる。年当たり数兆円というコストは、厳しい人口減少が進むこの国で、私たち国民が租税の形で容易に負担できる金額では到底ない。

（プレジデントオンライン二〇二〇年一二月二四日付）

河村氏は、日銀が国債を買い占めている現状において、国の経済や財政運営のリスクがすべて日銀に転嫁されていると指摘している。その上で、国債の購入代金としてたまりにたまった日銀の当座預金が問題で、そこに金利が付くことによって日銀が債務超過、つまり日銀が破綻するという、衝撃的な結論に至っているのである。

ここで出てきた日銀の「当座預金」とは、日銀が銀行など金融機関から国債を購入した代金を入れておく口座のことだ。これは、あくまで銀行など金融機関のお金を日銀が預かっているわけであって、日銀にとっては資産ではなく負債にあたる。そして、金利を上げるということはこの当座預金に付利することを意味し、ここに二％近く付利されると当座預金が四八七兆円ある日銀は約一〇兆円の利払いが生じ、九・七兆円の自己資本では足りずに債務超過に陥ってしまうと河村氏は言うのである。

このレポートが出されたのは二〇二〇年一二月二四日のことで、そこから二年半経過した現在において、日銀の自己資本は一二兆円に殖えている。ただ、この間にも日銀は国債の購入を続けていたわけで、当座預金は五五二兆円に膨らんでいる。やはり二％近く付利されれば、自己資本が足りずに債務超過に陥る可能性は否定できない。

もう一つ、当時と状況が異なる点がある。それは、日銀が保有する「株式のＥＴＦ」の含み益である。二〇二三年四月に投資の神様と名高い投資家ウォーレン・バフェット氏が日本に訪れ、自身が投資している商社を訪問している。その際、保有株の買い増しや日本株の魅力についてコメントしたため、日本株に注目が集まりそこから株価が上昇。日経平均は三三年振りの高値を付け、三万三〇〇〇円台に到達した。

このような日本株が沸騰するような熱量の中で、日銀が抱えている日本株のＥＴＦの含み益が二〇兆円に達したという。これほどの含み益があれば、多少金利を上げて利払いが増えても問題なさそうに見える。

しかし、実はまったくそんなことはない。まず、日銀の保有している株式のＥＴＦを無事に売却できるか、はなはだ疑わしい。確かにバフェット氏の効果で日本株は勢い付いているが、日銀が株のＥＴＦを売り始めれば一気に冷水を浴びせることになり、日本株の大暴落を呼び起こしかねない。下手をすれば、日銀が抱えている含み益が一瞬のうちに吹き飛んでしまうことも考えられる。

そしてもう一つ、日本株の含み益はＥＴＦ売却時の一度で終わりだが、当座預金に対する日銀の利払いは毎年発生するのである。仮にわずかな付利でも、長い目では確実に日銀を蝕《むしば》んで行く。株のＥＴＦ売却により一時しのぎができたとしても、長期の視野ではやはり深刻な事態が生じるのである。

だから日銀は、わずかな金利も上げることができない。金利を上げると、自分の首を絞めてしまうのだ。

二種類の金利を牛耳る日銀

ここまで日銀が金利を上げられないことを解説してきたが、ここでいう金利とは政策金利のことで、短期金利のことである。ここで少し金利の話をしておくと、金融市場にはあまたの金利があふれているが、大きくわけると「短期金利」と「長期金利」の二つにまとめられる。

短期金利は、取引期間が一年未満のもので政策金利に準じて推移する。そのため、どの国でも共通しているが短期金利は、中央銀行が金融政策として操作・誘導するものである。もう一つの長期金利は一年超の金利のことで、短期金利を参考にしながら需給バランスによって市場が決める。そして一〇年物国債の金利を長期金利と呼ぶように、一年超の金利については一〇年物国債の利回りに準じて推移する。

つまり、あまたある金利は「中央銀行が決める政策金利（短期金利）」と「市

金利の大原則

金利は大別すると「短期金利」と「長期金利」に集約

短期金利（政策金利）
各国の中央銀行が決定

長期金利（10年物国債の金利）
短期金利を参考に市場が決定

場が決める一〇年物国債の金利（長期金利）」に集約されることになる。

ところが、この大原則が日本では通じない事態が発生している。金利が短期金利と長期金利の二つに集約され、そのうち短期金利が中央銀行によって決められる点は現代の日本においても変わりはない。問題は、長期金利の方である。

本来は市場によって決まるはずの長期金利であるが、日本においてはなんと日銀が決めているのだ。これが、イールドカーブ・コントロール（以下ＹＣＣ）と呼ばれるものである。具体的に日銀が行なっていることは、長期金利を一定幅に収まるように国債を購入しながら調整していることだ。

日銀がＹＣＣと呼ばれる長期金利のコントロールを始めたのは、二〇一六年九月のことだ。その時に日銀に導入された「長短金利操作付き量的・質的金融緩和」の枠組みの一つで、長期金利の誘導水準を定めて、その水準になるように国債の購入を進めて行ったのである。当初の長期金利の目標値はゼロ％と決められた。それが二〇一八年七月に、目標値はそのままで「金利は経済・物価情勢等に応じて、上下にある程度変動しうるもの」と、少し許容幅を認める発言がされている。そして、二〇二一年三月目標値は依然としてゼロ％だったものの、許容する変動幅が±〇・二五％と明確化されたのである。

中央銀行によるＹＣＣは異例の取り組みではあるが、日銀が今回、初めて行なったことではない。今から五〇年以上前に、アメリカのＦＲＢが行なったのがその先駆けである。ＦＲＢがＹＣＣを行なったのは一九四二〜五一年の期間であった。戦時下のアメリカが戦費調達のために発行した大量の国債の金利上昇を抑えるために行なったのである。当時、上手く金利を抑え込むことができていたため、日銀はこれを成功例として今回のＹＣＣに踏み切ったわけだが、実は実際に行なったＦＲＢでは、これを失敗例としてとらえていた。

ＦＲＢが問題視したのは、長期金利に上昇圧力が発生した場合、目標の金利に抑え込むために大量の国債を買い入れる必要が生じ、それが制御不能となってしまうことに対する強い懸念であった。そしてその懸念から、ＦＲＢはその後ＹＣＣを行なっていない。そのＦＲＢが抱いた懸念が、五〇年以上の時を経て、現代の日銀で顕在化しようとしている。

ＹＣＣがコントロール不能に

日銀は、二〇一六年九月から約七年間ＹＣＣを続けているわけだが、その代償としてＦＲＢが懸念していた通り、「中央銀行による大量の国債保有」という事態が発生している。現在、日銀が抱える国債は五八一兆円で、すでにすべての国債発行額の半分以上に達しているという。これだけで異常な状態であることがわかるが、過去に遡って日銀が抱える国債の対ＧＤＰ比（古いデータは対ＧＮＰ比）の推移を見ると、さらに愕然《がくぜん》とすることだろう。

ここからは一八四～一八五ページの図を見ながら読み進めていただきたい。

一番古いところで注目すべきは、太平洋戦争前の一九三二年である（図中Ⓐ）。世界恐慌によって経済が深刻な打撃を受けたこの時期は、小津安二郎の映画『大学は出たけれど』に象徴されるように、不況によって未曽有の就職難が起きた。当時蔵相であった高橋是清が日銀による国債買付という、現在日銀が行なっているのと同様のリフレ政策（金融緩和）を行なったのがこの年である。

この政策によって、デフレ脱却に成功したわけだが、このまま放置すればインフレが加速する危険があったため、是清はのちに財政緊縮を実施しようとする。しかし軍事予算を抑制しようとして軍部の恨みを買い、一九三六年の二・二六事件で暗殺されてしまうのだ。時の大臣の命をすら脅かした、「劇薬」というべき金融緩和策だったわけだが、実はこの時の日銀の国債保有比率は、GDP比でわずか五％程度だったのである。

次に、太平洋戦争末期の一九四三、四四年を見てみよう（図中Ⓑ）。戦時国債を乱発して戦費を調達し、国家ぐるみで戦争に邁進していたこの時期、物価統制を行なってはいたものの、物資不足からインフレは高進し始めていた。しかし、この時期ですら日銀の国債保有比率は、せいぜい十数％程度であった。

そして、太平洋戦争に敗戦した翌年の一九四六年である（図中Ⓒ）。ハイパーインフレが猛威を振るい、これを封じ込めるために「預金封鎖」「新円切換」「財産税」が実施されたのがこの年だ。この戦後の大混乱の時ですら、GDP比

対GDP（GNE、GNP）比の推移

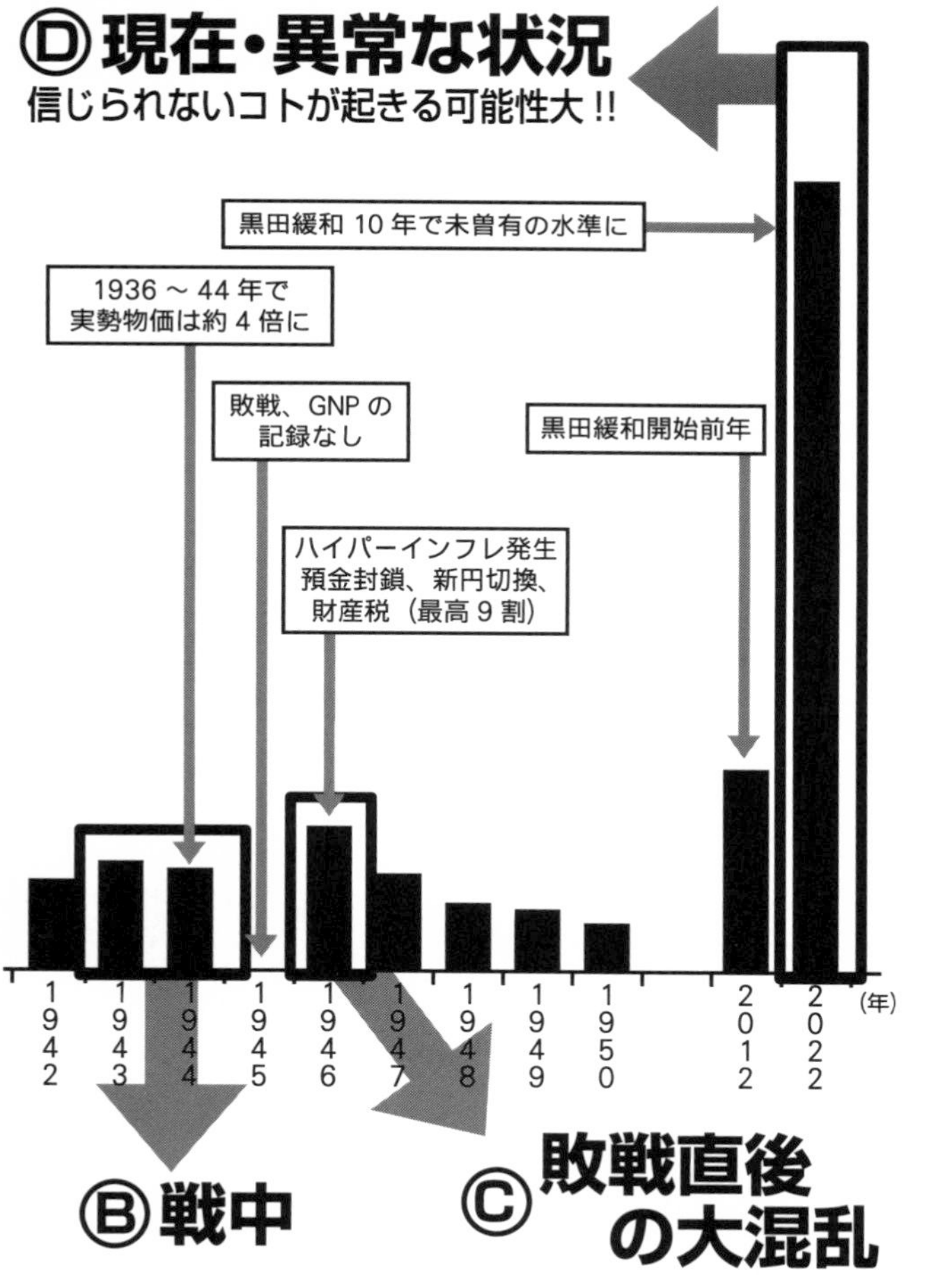

日銀「長期経済統計」、内閣府、東短リサーチの資料を基に作成

日銀保有国債

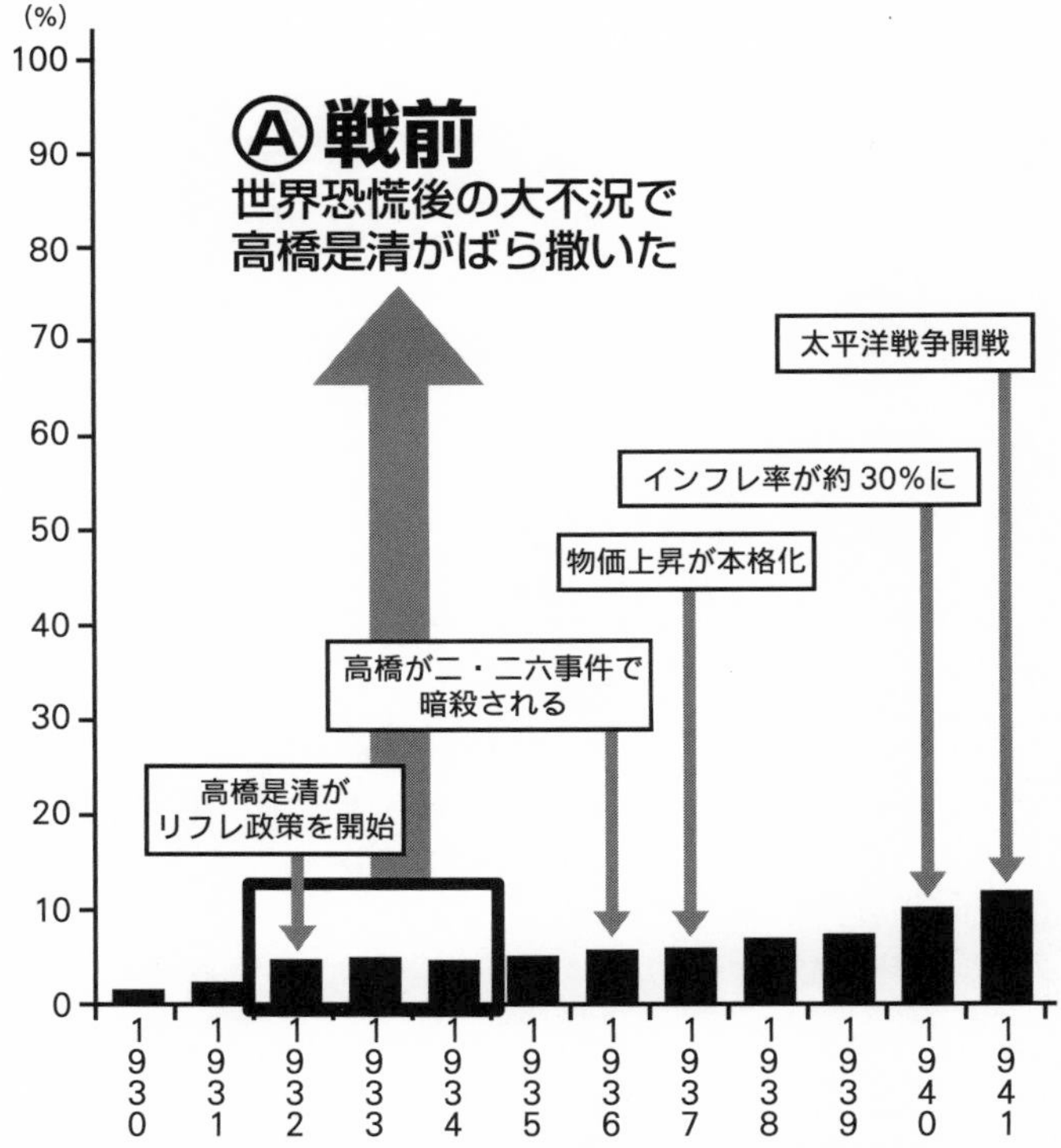

※戦前と比べるため、経済規模には当時から集計されていた
GNE（国民総支出)、GNP（国民総生産）を用いた。

日銀保有国債は長期国債と短期国債の合計（1950 年までは政府貸出も含む)、1943 ～ 1950 年は年度末、それ以外は暦年。

GNP（GNE）は 1946 ～ 1950 年は年度、それ以外は暦年。

では二〇%にも届いていない。

そこから目を転じて、直近の二〇二二年（図中Ⓓ）を見るとどうか。日銀の国債保有比率は、なんとGDP比一〇〇%になっているのである。世界恐慌や戦争といった過去の非常事態と比較してみると、黒田日銀とアベノミクスが残したこの異常な状況がいかにおかしなものであるか、よくおわかりいただけるだろう。特に、黒田日銀による緩和が開始された時から一〇年ほどの期間で保有比率が三〜四倍ほどに急増しているわけで、YCCを続けた日銀の功罪を視覚的にはっきりとらえることができる。

これを見れば、そう遠くない将来、とんでもないことが起きる可能性が高いということがよく実感できるだろう。いよいよ、FRBが懸念した〝制御不能に陥る時〟が近付いているのである。

実は、その前兆はすでに二〇二二年一二月二〇日に出ている。この日に開かれた政策決定会合で日銀は、突如長期金利の幅を従来の±〇・二五%程度から±〇・五%程度に拡大したのである。〝青天の霹靂〟とはまさにこのことで、事前予想では〝変更なし〟だったため、市場には激震が走った。目標値ゼロ％の変更はなかったにも関わらず、市場は「日銀が実質的な利上げを行なった」と騒ぎ立て、急激な円高、株暴落、金利急上昇と大波乱の展開となった。一夜明け、国内の新聞各社は「日銀が異次元緩和を転換」と日銀が自発的にＹＣＣの見直しや出口戦略への舵切りを行なったように報道したが、事実は異なる。日銀としては、受け身の姿勢で市場の圧力に屈してやらざるを得なかったのが本当のところであろう。実際、忖度《そんたく》不要な海外メディアはこの歴史的な出来事を、「日銀が市場に屈した日」（ウォール・ストリート・ジャーナル二〇二二年一二月二一日付）と記し、同日付の社説では「コントロールを失った日銀」とかなり辛らつであった。

本来、長期金利は中央銀行が決めるものではなく、市場が決めるものである。それを強引に中央銀行が押さえ付けようとしているのが現状で、大きな無理が生じている。そして、いよいよ市場の原理に日銀が屈する時が間近に迫ってきているのである。ここにきて、長らく行なってきたＹＣＣが制御不能で暴走しようとしているのである。

日銀は〝シン・ニチギン〟へ

二〇二三年四月、日銀は植田総裁による新体制になった。しかし、もはや誰が総裁になろうが、また誰が副総裁や審議員になろうが、残念ながら日銀が主体的にできることなど何一つない。

日銀の当座預金には、金融機関から国債を購入した代金が大量にたまっており、それによって政策金利（短期金利）を上げることは容易ではない。しかし、政策金利が現状のマイナス〇・一%のまま放置しておくと、諸外国との金利差でとめどもない円安に傾いて行くだろう。

まずは、二〇二二年一〇月に経験した一五一円を目指し、そこを超えると今度は一六〇円に向かって動く。そして一六〇円台を超えると、チャート上ではその上の目途がなくなることで、二〇〇円台まで一気に突入することも考えられる。さすがに、その過程で国（財務省）による為替介入が行なわれるだろうが、二〇二二年で経験した通り、為替介入には一時的な効果はあっても、それ自体に大きな円安の流れを反転させる力はない。

円安が進む根本的な要因が金利差であれば、それを止めるにはやはり日本もそれなりに「金利を上げる必要がある」のだ。もちろん、日銀が政策金利を上げることは容易ではない。しかし、円が一ドル＝一六〇円を超えて円安がどんどん進めば、日銀もいくばくか金利を上げざるを得ないだろう。そうすると、日銀に待っているのは債務超過、つまり日銀破綻へという未来である。

日銀が債務超過になれば、円の信用は失われ、円安はさらに進むだろう。日本国内最大手の信用調査会社の凄腕調査マンは、「もし、日銀が債務超過に陥れば」と仮定した上で、「ドル／円は二〇〇円どころか、三六〇円でも止まらず四〇〇円まで行く」と断言している。

次に長期金利の方は、現状では上昇圧力があり、それをなんとか力まかせに押さえ付けているものの、そろそろ限界を迎えようとしている。では、長期金利が上昇し始めるとどうなるのかと言えば、状況によっては政策金利が上昇するよりも悲惨な状態になりかねない。長期金利上昇により、まず国債を大量に発行している国は利払い費が大きく増える。それと同時に、国債を大量に抱える日銀は、大きな評価損が出てしまうのである。

二〇二二年一二月二〇日、日銀が長期金利の許容幅を拡大したことによって長期金利が一時的に〇・五％まで上昇したが、その年の末に日銀が抱えた国債の含み損は九・五兆円にのぼった。長期金利が〇・二五％程度であった同年の九月には含み損が〇・八七兆円だったわけで、たった三ヵ月で含み損がなんと一〇倍に増えているのである。しかも、もっと恐ろしいことに、この三ヵ月で約九兆円も評価損が増えたわけだが、その間に上昇した長期金利はわずか〇・二五％である。

この長期金利がもっと上昇すれば――仮に政策金利で見たように長期金利が二％まで上昇したならば、日銀はどれくらいの評価損を抱えることになるのか。

これには実際の試算がある。日銀の内田真一副総裁は、二〇二三年三月二九日の衆議院財務金融委員会において、長期金利が二％に上昇した際の日銀の国債の評価損を、「五〇兆円」と試算しているのである。日銀の保有する国債は満期保有を原則としており、途中の時価評価は行なっていない。そのため、この五〇兆円の評価損がすぐに日銀の負担になるわけではないが、それでも実質債務超過に陥るわけで、その時の信頼低下は避けられないだろう。

ここまで、日銀の現状について詳しく解説してきたのでもうおわかりだろうが、金利が上がれば日銀は実質破綻状況に陥る。それは何も欧米がすでに付けている四～五％の金利ではなく、二％もあれば致命傷になるのだ。いや、おそらく一％でもかなり危険水準となるだろう。短期金利が上がれば長期金利も当然上昇圧力がかかり、ダブルで日銀は攻め立てられることになる。そして、日銀に金利上昇を迫るための円安は、すでに始まっているのである。

日銀が一度でも信用を失墜すれば、その後は日を追うごとに加速度的に状況は悪化して行くだろう。前出の凄腕調査マンの言う通り、一ドル＝四〇〇円に一時的にでもなろうものなら、もう二度と円高に振れて今のような一四〇円台に戻る可能性はなくなる。それどころか、同じ水準で落ち着く可能性も低い。さらなる円安が加速して進み、気付けば円は紙キレと化しているに違いない。一万円札が大量に道路に捨てられていて誰も拾わない、破綻国家アルゼンチンやジンバブエで実際に起きた光景が、日本の未来となるのだ。

そのようなことになれば、国は起死回生の秘策を出すだろう、すべてを一度ゼロベースに戻す、究極のガラガラポンである。その時、日銀は国と一緒に破綻して、〝ジン・ニチギン〟として生まれ変わるだろう。

残念ながら、その前兆はすでに起き始めている。あとは、日銀が牛耳っている〝二つの金利〟をどこまで低く抑え込み維持できるか、なのである。

〈以下、下巻に続く〉

■今後、『国家破産ではなく国民破産だ!〈下〉』『2025年日本国崩壊〈上〉〈下〉』(すべて仮題)を順次出版予定です。ご期待下さい。

浅井隆からの重要なお知らせ

――恐慌および国家破産を勝ち残るための具体的ノウハウ

緊急開催!! チャンス到来中の株式投資の習熟セミナー

◆「株でがっちり儲ける極意」株緊急セミナー（入門編）

新型コロナ禍の収束と共に、日本株が大きく上昇しています。世界株式から出遅れた感のあった日本株に注目が集まっているためです。そして一方では、最近急スピードで上昇した株価が大きく調整する可能性もささやかれています。実はこの真逆のようなトレンドのいずれもが、株式投資においてはこの上ないチャンスとなり得るのです。これを活かさない手はありません。

しかし一方、株投資の知識がなく、また取引の勘所《かんどころ》がつかめないために、多くの投資家が成果を上げることができていません。そこで今回、株式の基本知識からがっちり儲ける勘所、株投資の戦術のヒントまでを紹介する特別セミナーを開催します。今回は特別に、チャートの専門家として高名な川上明先生もお呼びして極意を伝達する予定です。入門者からセミプロまで、奮ってご参加下さい。

開催日　一回目　二〇二三年八月三一日（木）
　　　　二回目　二〇二三年九月二六日（火）（二回とも同じ内容です）

時間　一三時～一七時の四時間弱
会費　三〇〇〇円（実費：チャート代、資料代）
定員　六〇名　会場　第二海援隊隣接セミナールーム
※いずれの回も、浅井隆は登壇しません
■詳しいお問い合わせは「㈱日本インベストメント・リサーチ」
TEL：〇三（三二九一）七二九一　FAX：〇三（三二九一）七二九二
Eメール：info@nihoninvest.co.jp

◆「本当の儲け方を伝授する」株集中セミナー（実践編）

三回連続の「集中セミナー」では、株で大きく儲けるための基礎知識、鉄則、トレンドの理解、チャートの読み方を懇切丁寧に指導し、皆様の投資技術の修得を目指します。毎回高名なチャートの専門家川上明先生に出場いただき、極意を伝授していただきます。また、すぐに実践可能な投資戦術や銘柄選定のヒントなども紹介予定です。この集中セミナーであなたも「本当に儲けられる素晴らしい投資家」に変貌して下さい。前出の特別セミナー（入門編）と違い、かなり本格的な内容です。ご期待下さい。

開催日　三回連続　第一回目　二〇二三年九月三〇日（土）
第二回目　二〇二三年一〇月二八日（土）
第三回目　二〇二三年一一月二五日（土）

時間　一二時〜一六時の四時間弱　会費　一二万八〇〇〇円（三回分）

定員　六〇名　会場　第二海援隊隣接セミナールーム

※いずれの回も、浅井隆は登壇しません
■詳しいお問い合わせは「㈱日本インベストメント・リサーチ」
TEL：〇三（三二九一）七二九一　FAX：〇三（三二九一）七二九二
Eメール：info@nihoninvest.co.jp

今までにない唯一無二の会員制クラブ「投資の王様」へのお誘い

「投資の神様」ウォーレン・バフェットは、伝統的投資対象でありかつプロ・アマを問わず非常に多くの投資家が取り組む株式投資において、数十年もの間トップを走り続けている伝説的な投資家です。

彼の投資哲学はいたってシンプルで、その投資技術も奇をてらったものではないのですが、しかし多くの人が彼のアイデアを模倣するものの、彼ほどの圧倒的な結果を残すには至っていません。逆に言えば、シンプルな投資哲学を誰よりも徹底して実践するからこそ圧倒的な結果を残し、唯一無二の「神様」と呼ばれるのかもしれません。

投資の世界は、誰もがバフェットのような大成功を収められるような甘い世界ではありません。しかし、誰かと競い、打ち勝ってナンバーワンとなることが必要な世界でもありません。また、人と比べたり、人より秀でたりすることも必要ありません。投資家（特に個人投資家）にとって本当に重要なことは、「投資の勝者」ではなく「投資の成功者」になることです。戦国の乱世のごとく日々勝負が繰り広げられる投資の世界において、勝ち残り続けて唯一無二の「殿上人」や「神様」になることは至難ですが、歴戦を生き残り「一国一城の主」すなわち「王様」であり続けることは可能です。そして、それが目指すべき「投資の成功者」のありようでもあります。「投資の成功者」とは、別の表現をするなら投資の乱世を生き残れる「投資の王様」になるということです。

二〇二〇年から三年強にわたった新型コロナウイルスの世界的流行と収束を通じて、世界はこれまでとはまったく異なるトレンドに突入しました。高インフレ・高金利、そしてロシアのウクライナ侵攻に代表される世界秩序の変貌と不確実性の高まりは、激動の時代を予感させるものであり、人々の不安を大いにかき立てるものです。しかしながら、実は投資を行なうにおいては、こうした不安な時代に生じる「変化の増大」こそ大いなるチャンスとなります。たとえ少ない軍資金からでも、大きな資産を築くことが相対的に容易となるためです。「投資の王様」を目指すのに、格好の時代が到来しつつあるのです。

では、いかにして「投資の王様」を目指すのがよいのでしょうか。投資には様々なスタイルがあり、人によって向き、不向きがあります。超短期から超長期まで取り組む時間軸も様々、さらに投資対象も株式から先物・オプション、債券、不動産、為替、海外ファンド、さらには現物資産まで実に多岐にわたります。それぞれの投資方法に特性や利点、さらに注意すべき点があり、得意とする局面や弱みなども異なってきます。

これらをすべて網羅し、自身に合った投資スタイルに基づいて適切なタイミングで投資を行なうことができれば、たとえ実際の投資回数がそれほど多くなくとも、十分に「投資の王様」になることはできるでしょう。ただ、それは容易な道ではありません。それぞれの投資のルールを覚え、取引のコツや技術、作戦を習得し、自分なりの勝ち方を確立するわけですから、一筋縄で行かないのは当然です。

そこで今回、本当に「投資の王様」を目指したい方に向けて、「第二海援隊グループ」の「日本インベストメント・リサーチ」が持てるノウハウを駆使し、さらに浅井隆の厳選情報も提供して「投資の王様」への道を全面的にサポートする、小人数限定の会員制クラブ『投資の王様』の発足を計画しました。その内容を一言で要約すると、「今までにない唯一無二の特別なクラブ」です。ここで簡単に概要を紹介します。

まず『投資の王様』の最大の特長は、今までにない丁寧できめ細やかなサービス提供にあります。投資助言経験および自身の投資経験も豊富な当社の専任スタッフが会員様お一人おひとりに付き、「専属トレーナー」あるいは「専属軍師」のように投資の成功への道をサポートします。今まで取り組んだことのない投資についても、基本的な知識から取引方法、テクニックに至るまで懇切丁寧に指導します。

また、助言対象も多岐にわたります。株式、不動産、為替、海外ファンドから現物資産や暗号通貨など最新の投資に至るまで、幅広い投資対象を活用して行きます。投資スタンスは、バフェットにならい長期投資を基本スタンスとします。数年に一度のような重要なタイミングに的を絞り、目先の小幅な利益ではなく長期的にしっかりとした利益を獲得することを目指します。ただ一方で、株価暴落などの相場急変局面では高確度の短期収益機会が到来することもあります。こうしたタイミングでは、機動性の高い投資戦術も活用し、収益の極大化を図って行きます。

さらに、不動産や金《きん》、ダイヤモンドといった、金融市場とは異なる値動きを見せる資産についても、その市場動向から中長期視点での耳寄り情報を提供します。そして、独自の相場観と投資に対する総合的な分析・判断力を養っていただくべく、浅井隆が経済に関する様々な注目情報をスマホ・アプリを通じてタイムリーに直接お届けするという、今までにないサービスも提供を予定しています。「自分なりの投資の成功を本気で目指したい」という方には、まさに打って付けのクラブになると自負しております。ご関心がおありの方は、ぜひとも『投資の王様』のご活用をご検討下さい。
詳しいお問い合わせは「㈱日本インベストメント・リサーチ」
TEL：〇三（三二九一）七二九一　FAX：〇三（三二九一）七二九二
Eメール：info@nihonivest.co.jp

恐慌・国家破産への実践的な対策を伝授する会員制クラブ

私が以前から警告していた通り、いまや世界は歴史上最大最悪の約三京円という額の借金を抱え、それが新型コロナをきっかけとして二〜三年以内に大逆回転しそうな情勢です。中でも日本国政府の借金は先進国中最悪で、この国はいつ破産してもおかしくない状況です。そんな中、あなたと家族の生活を守るためには、二つの情報収集が欠かせません。

一つは「国内外の経済情勢」に関する情報収集、もう一つは国家破産対策としての「海外ファンド」や「海外の銀行口座」に関する情報収集です。これらについては、新聞やテレビなどのメディアやインターネットでの情報収集だけでは十分とは言えません。私はかつて新聞社に勤務し、以前はテレビに出演をしたこともありますが、その経験から言えることは「新聞は参考情報。テレビはあくまでショー（エンターテインメント）」だということです。インターネットも含め、誰もが簡単に入手できる情報でこれからの激動の時代を生き残って行くことはできません。

皆様にとって、最も大切なこの二つの情報収集には、第二海援隊グループ（代表：浅井隆）が提供する特殊な情報と具体的なノウハウをぜひご活用下さい。

◆「自分年金クラブ」「ロイヤル資産クラブ」「プラチナクラブ」

国家破産対策を本格的に実践したい方にぜひお勧めしたいのが、第二海援隊の一〇〇%子会社「株式会社日本インベストメント・リサーチ」（関東財務局長（金商）第九二六号）が運営する三つの会員制クラブ（**「自分年金クラブ」「ロイヤル資産クラブ」「プラチナクラブ」**）です。

まず、この三つのクラブについて簡単にご紹介しましょう。**「自分年金クラブ」**は資産一〇〇〇万円未満の方向け、**「ロイヤル資産クラブ」**は資産一〇〇〇万～数千万円程度の方向け、そして最高峰の**「プラチナクラブ」**は資産一億円以上の方向け（ご入会条件は資産五〇〇〇万円以上）で、それぞれの資産規模に応じた魅力的な海外ファンドの銘柄情報や、国内外の金融機関の活用法に関する情報を提供しています。

恐慌・国家破産は、なんと言っても海外ファンドや海外口座といった「海外の活用」が極めて有効な対策となります。特に海外ファンドについては、私たちは早くからその有効性に注目し、二〇年以上にわたって世界中の銘柄を調査してまいりました。本物の実力を持つ海外ファンドの中には、恐慌や国家破産といった有事に実力を発揮するのみならず、平時には資産運用としても魅力的なパフォーマンスを示すものがあります。こうした情報を厳選してお届けするのが、三つの会員制クラブの最大の特長です。

その一例をご紹介しましょう。三クラブ共通で情報提供する「ATファンド」

は、年率五～七％程度の収益を安定的に挙げています。これは、たとえば年率七％なら三〇〇万円を預けると毎年約二〇万円の収益を複利で得られ、およそ一〇年で資産が二倍になる計算となります。しかもこのファンドは、二〇一四年の運用開始から一度もマイナスを計上したことがないという、極めて優秀な運用実績を残しています。日本国内の投資信託などではとても信じられない数字ですが、世界中を見渡せばこうした優れた銘柄はまだまだあるのです。

冒頭にご紹介した三つのクラブでは、「ATファンド」をはじめとしてより高い収益力が期待できる銘柄や、恐慌などの有事により強い力を期待できる銘柄など、様々な魅力を持ったファンド情報をお届けしています。なお、資産規模が大きいクラブほど、取り扱い銘柄数も多くなっております。

また、ファンドだけでなく金融機関選びも極めて重要です。単に有事にも耐え得る高い信頼性というだけでなく、各種手数料の優遇や有利な金利が設定されている、日本に居ながらにして海外の市場と取引ができるなど、金融機関も様々な特長を持っています。こうした中から、各クラブでは資産規模に適した、魅力的な条件を持つ国内外の金融機関に関する情報を提供し、またその活用方法についてもアドバイスしています。

その他、国内外の金融ルールや国内税制などに関する情報など資産防衛に有用な様々な情報を発信、会員の皆様の資産に関するご相談にもお応えしております。浅井隆が長年研究・実践してきた国家破産対策のノウハウを、ぜひあなたの大切な資産防衛にお役立て下さい。

■詳しいお問い合わせは「㈱日本インベストメント・リサーチ」

ＴＥＬ：〇三（三二九一）七二九一　ＦＡＸ：〇三（三二九一）七二九二

Ｅメール：info@nihoninvest.co.jp

株で資産を作れる時代がやってきた！　〝四つの株投資クラブ〟のご案内

一、「㊙株情報クラブ」

「㊙株情報クラブ」は、普通なかなか入手困難な日経平均の大きなトレンド、現物個別銘柄についての特殊な情報を少人数限定の会員制で提供するものです。しかも、「ゴールド」と「シルバー」の二つの会があります。目標は、提供した情報の八割が予想通りの結果を生み、会員の皆様の資産が中長期的に大きく殖えることとです。そのために、日経平均については著名な「カギ足」アナリストの川上明氏が開発した「T1システム」による情報提供を行ないます。川上氏はこれまでも多くの日経平均の大転換を当てていますので、これからも当クラブに入会された方の大きな力になると思います。

また、その他の現物株（個別銘柄）については短期と中長期の二種類にわけて情報提供を行ないます。短期については川上明氏開発の「T14」「T16」という二つのシステムにより日本の上場銘柄をすべて追跡・監視し、特殊な買いサインが出ると即買いの情報を提供いたします。そして、買った値段から一〇％上昇したら即売却していただき、利益を確定します。この「T14」「T16」は、これまでのところ当たった実績が九八％という驚異的なものとなっております（二〇一五年一月～二〇二〇年六月におけるシミュレーション）。

さらに中長期的銘柄としては、浅井の特殊な人脈数人および第二海援隊の一〇〇%子会社である㈱日本インベストメント・リサーチの専任スタッフが選び抜いた日・米・中三ヵ国の成長銘柄を情報提供いたします。特に、スイス在住の市場分析・研究家、吉田耕太郎氏の銘柄選びには定評があります。参考までに、吉田氏が選んだ三つの過去の銘柄の実績を挙げておきます（「㊙株情報クラブ」発足時の情報です）。

まず一番目は、二〇一三年に吉田氏が推奨した「フェイスブック」（現「メタ」）。当時二七ドルでしたが、それが三〇〇ドル超になっています。つまり、七〜八年で一〇倍といううすさまじい成績を残しています。二番目の銘柄としては、「エヌビディア」です。こちらは二〇一七年、一〇〇ドルの時に推奨し、六〇〇ドル超となっていますので、四年で六倍以上です。さらに三番目の銘柄の「アマゾン」ですが、二〇一六年、七〇〇ドルの時に推奨し、三二〇〇ドル超です。こちらは五年で四・五倍です。こういった銘柄を中長期的に持つということは、皆様の財産形成において大きく資産を殖やせるものと思われます。

そこで、「ゴールド」と「シルバー」の違いを説明いたしますと、「ゴールド」は小さな銘柄も含めて年四〜八銘柄を皆様に推奨する予定です。これはあくまでも目標で年平均なので、多い年と少ない年があるのはご了承下さい。「シルバー」に関しては、小さな銘柄（売買が少なかったり、上場されてはいるが出来高が非常に少ないだけではなく時価総額も少なくてちょっとしたお金でも株価が大きく動く銘柄）は情報提供をいたしません。これは、情報提供をするとそれだけで上がる危険性があるためです（「ゴールド」は人数が少ないので小さな銘柄も情報提供いたします）。そのため、「シルバー」の推奨銘柄は年三〜六銘柄と少なくなっております。

「ゴールド」はまさに少人数限定二〇名のみ、「シルバー」も六〇名限定となっております。「シルバー」は二次募集をする可能性もあります。

クラブは二〇二一年六月よりサービスを開始しており、すでに会員の皆様へ有用な情報をお届けしております。

なお、二〇二一年六月二六日に無料説明会（「㊙株情報クラブ」「ボロ株クラブ」合同）を第二海援隊隣接セミナールームにて開催いたしました。その時のCDを二〇〇〇円（送料込み）にてお送りしますのでお問い合わせ下さい。

皆様の資産を大きく殖やすという目的のこの二つのクラブは、皆様に大変有益な情報提供ができると確信しております。奮ってご参加下さい。

■お問い合わせ先：㈱日本インベストメント・リサーチ「㊙株情報クラブ」

ＴＥＬ：〇三（三二九一）七二九一　ＦＡＸ：〇三（三二九一）七二九二

Ｅメール：info@nihoninvest.co.jp

二、「ボロ株クラブ」

「ボロ株」とは、主に株価が一〇〇円以下の銘柄を指します。何らかの理由で売り叩かれ、投資家から相手にされなくなった〝わけアリ〟の銘柄もたくさんあり、証券会社の営業マンがお勧めすることもありませんが、私たちはそこにこそ収益機会があると確信しています。

過去一〇年、〝株〟と聞くと多くの方は成長の著しいアメリカのＩＣＴ（情報通信技術）関連の銘柄を思い浮かべるのではないでしょうか。アップルやFANG（フェイスブック〈現「メタ」〉、アマゾン、ネットフリックス、グーグル）、さらには大手EVメーカーのテスラといったICT銘柄の騰勢は目を見張るほどでした。しかし、こうした銘柄はボラティリティが高くよほどの〝腕〟が求められることでしょう。

「人の行く裏に道あり花の山」という相場の格言があります。「人はとかく群集心理で動きがちだ。いわゆる付和雷同である。ところが、それでは大きな成功は得られない。むしろ他人とは反対のことをやった方が、うまく行く場合が多い」とこの格言は説いています。すなわち、私たちはなかば見捨てられた銘柄にこそ大きなチャンスが眠っていると考えています。実際、「ボロ株」はしばしば大化けします。事実として先に開設されている「日米成長株投資クラブ」で情報提供した低位株（「ボロ株」を含む株価五〇〇円以下の銘柄）は、二〇一九～二〇年に多くの実績を残しました。

もちろん、やみくもに「ボロ株」を推奨して行くということではありません。

弊社が懇意にしている「カギ足」アナリスト川上明氏の分析を中心に、さらには同氏が開発した自動売買判断システム「ＫＡＩ―解―」からの情報も取り入れ、短中長期すべてをカバーしたお勧めの取引（銘柄）をご紹介します。

構想から開発までに十数年を要した「ＫＡＩ」には、すでに多くの判断システムが組み込まれていますが、「ボロ株クラブ」ではその中から「Ｔ８」というシステムによる情報を取り入れています。Ｔ８の戦略を端的に説明しますと、「ある銘柄が急騰し、その後に反落、そしてさらにその後のリバウンド（反騰）を狙う」となります。

川上氏のより具体的な説明を加えましょう――「ある銘柄が急騰すると、利益確定に押され急落する局面が往々にしてあるが、出遅れ組の押し目が入りやすい。すなわち、急騰から反落の際には一度目の急騰の際に買い逃した投資家の買いが入りやすい」。過去の傾向からしても、およそ七割の確率でさらなるリバウンドが期待できるとのことです。そして、リバウンド相場は早く動くことが多いため、投資効率が良くデイトレーダーなどの個人投資家にとっては打って付けの戦略と言えます。川上氏は、生え抜きのエンジニアと一緒に一九九〇～二〇一四年末までのデータを使ってパラメータ（変数）を決定し、二〇一五年一月四日～二〇二〇年五月二〇日までの期間で模擬売買しています。すると、勝率八割以上という成績になりました。一銘柄ごとの平均リターンは約五％強ですが、「ボロ株クラブ」では、「Ｔ８」の判断を元に複数の銘柄を取引することで目標年率二〇％以上を目指します。

これら情報を複合的に活用することで、年率四〇％も可能だと考えています。年会費も第二海援隊グループの会員の皆様にはそれぞれ割引サービスをご用意しております。詳しくは、お問い合わせ下さい。また、「ボロ株」の「時価総額や出来高が少ない」という性質上、無制限に会員様を募ることができません。一〇〇名を募集上限（第一次募集）とします。

■お問い合わせ先：㈱日本インベストメント・リサーチ「ボロ株クラブ」

ＴＥＬ：〇三（三二九一）七二九一　ＦＡＸ：〇三（三二九一）七二九二

Ｅメール：info@nihoninvest.co.jp

三、「日米成長株投資クラブ」

世界経済の潮流は、「低インフレ・低金利」から「高インフレ・高金利」に大きく様変わりしました。資産の防衛・運用においても、長期的なインフレ局面に則した考え方、取り組みが必要となります。

端的に言えば、インフレでは通貨価値が減少するため、現金や預金で資産を持つのは最悪手となります。リスクを取って、積極的な投資行動に打って出ることが極めて有効かつ重要となります。中でも、「株式投資」は誰にでも取り組みやすく、しかもやり方次第では非常に大きな成果を挙げ、資産を増大させることが可能です。

浅井隆は、インフレ時代の到来と株式投資の有効性に着目し、インフレトレンドが本格化する前の二〇一八年、「日米成長株投資クラブ」を立ち上げ、株式に関する情報提供、助言を行なってきました。クラブの狙いは、株式投資に特化しつつも経済トレンドの変化にも対応するという、ほかにはないユニークな情報を提供する点です。現代最高の投資家であるウォーレン・バフェット氏とジョージ・ソロス氏の投資哲学を参考として、割安な株、成長期待の高い株を見極め、じっくり保有するバフェット的発想と、経済トレンドを見据えた大局観の投資判断を行なって行くソロス的手法を両立することで、大激動を逆手に取り、「一〇年後に資産一〇倍」を目指します。

経済トレンド分析には、私が長年信頼するテクニカル分析の専門家、川上明氏による「カギ足分析」を主軸としつつ、長年多角的に経済トレンドの分析を行なってきた浅井隆の知見も融合して行きます。川上氏のチャート分析は極めて強力で、たとえば日経平均では三三年間で約七割の驚異的な勝率を叩き出しています。

また、個別銘柄については発足から二〇二三年一月までに延べ五〇銘柄程度を情報提供してきましたが、多くの銘柄で良好な成績を残し、会員の皆様に収益機会となる情報をお届けすることができました。これらの銘柄の中には、低位小型株から比較的大型のものまで含まれており、中には短期的に連日ストップ高を記録し数倍に大化けしたものもあります。

会員の皆様には、こうした情報を十分に活用していただき、当クラブにて大激動をチャンスに変えて大いに資産形成を成功させていただきたいと考えております。ぜひこの機会を逃さずにお問い合わせ下さい。サービス内容は以下の通りです。

1．浅井隆、川上明氏（テクニカル分析専門家）が厳選する国内の有望銘柄の情報提供
2．株価暴落の予兆を分析し、株式売却タイミングを速報
3．日経平均先物、国債先物、為替先物の売り転換、買い転換タイミングを速報
4．バフェット的発想による、日米の超有望成長株銘柄を情報提供

詳しいお問い合わせは「㈱日本インベストメント・リサーチ」
TEL：〇三（三二九一）七二九一　FAX：〇三（三二九一）七二九二
Eメール：info@nihoninvest.co.jp

四、「オプション研究会」

二〇二二年二月、突如として勃発したロシアのウクライナ侵攻によって、冷戦終結から保たれてきた平和秩序は打ち破られ、世界はまったく新しい局面を迎えました。これから到来する時代は、「平和と繁栄」から「闘争と淘汰」という厳しいものになるかもしれません。そして、天文学的債務を抱える日本においては、財政破綻、徳政令、株価暴落といった経済パニックや、台湾有事など地政学的なリスク、さらには東南海地震や首都直下地震などの天災など、様々な激動に見舞われるでしょう。

もちろん、こうした激動の時代には大切な資産も大きなダメージを受けることになります。一見すると絶望的にも思われますが、実は考え方を変えれば「激動の時代＝千載一遇の投資のチャンス」にもなるのです。そして、それを実現するための極めて有効な投資の一つが「オプション取引」なのです。

「オプション取引」は、株式などの一般的な取引とは異なり、短期的な市場の動きに大きく反応し、元本の数十～一〇〇〇倍以上もの利益を生み出すこともあるものです。そうした大きな収益機会を、「買い建て」のみで取り組むことで、損失リスクを限定しながらつかむことができるのです。激動の時代には市場も大きく揺れ動き、「オプション取引」においても前述したような巨大な収益機会がたびたび生まれることになります。もちろん、市場が暴落した時のみならず、急落から一転して大反騰した時にもそうしたチャンスが発生し、それを活用することができます。市場の上げ、下げいずれもがチャンスとなるわけです。

「オプション取引」の重要なポイントを今一度まとめます。

- 非常に短期（数日～一週間程度）で、数十倍～数百倍の利益を上げることも可能
- しかし、「買い建て」取引のみに限定すれば、損失は投資額に限定できる
- 恐慌、国家破産などで市場が大荒れするほどに収益機会が広がる
- 最低投資額は一〇〇〇円（取引手数料は別途）
- 株やＦＸと異なり、注目すべき銘柄は基本的に「日経平均株価」の動きのみ

・給与や年金とは分離して課税される（税率約二〇％）

こうした極めて魅力的な特長を持つ「オプション取引」ですが、これを活用するにはオプションとその取引方法に習熟することが必須となります。オプションの知識習得と、パソコンやスマホによる取引操作の習熟が大きなカギですが、「オプション取引」はこれらの労を割くに値するだけの強力な「武器」になり得ます。

もし、これからの激動期を「オプション取引」で挑んでみたいとお考えであれば、第二海援隊グループがその習熟を「情報」と「助言」で強力に支援いたします。二〇一八年一〇月に発足した「オプション研究会」では、「オプション取引」はおろか株式投資など他の投資経験もないという方にも、道具の揃え方から基本知識の伝授、投資の心構え、市況変化に対する考え方や収益機会のとらえ方など、初歩的な事柄から実践に至るまで懇切丁寧に指導いたします。

また二〇二一年秋には収益獲得のための新たな戦略「三〇％複利戦法」を開発し、会員様への情報提供を開始しました。「オプション取引」は、大きな収益を得られる可能性がある反面、収益局面を当てるのが難しいという傾向がありますが、新戦略では利益率を抑える代わりに勝率を上げることを目指しています。こうした戦略もうまく使うことで、「オプション取引」の面白さを実感していただけることでしょう。これからの「恐慌経由、国家破産」というピンチをチャンスに変えたい方のご入会を心よりお待ちしております。

※なお、オプション研究会のご入会には、「日米成長株投資クラブ」の会員であることが条件となります。また、ご入会時には当社規定に基づく審査があります。あらかじめご了承下さい。

「㈱日本インベストメント・リサーチ オプション研究会」担当 山内・稲垣・関
TEL：〇三（三二九一）七二九一　FAX：〇三（三二九一）七二九二
Eメール：info@nihoninvest.co.jp

◆「オプション取引」習熟への近道を知るための「セミナーDVD・CD」発売中

「オプション取引」の習熟を全面支援し、また取引に参考となる市況情報なども提供する「オプション研究会」。その概要を知ることができる「DVD／CD」を用意しています。

■「オプション研究会 無料説明会 受講DVD／CD」■

浅井隆自らがオプション投資の魅力と活用のポイントについて解説し、また専任スタッフによる「オプション研究会」の具体的内容を説明した「オプション研究会 無料説明会」(二〇一八年一二月一五日開催)の模様を収録したDVD／CDです。「浅井隆からのメッセージを直接聞いてみたい」「オプション研究会への理解を深めたい」という方は、ぜひご入手下さい。

「オプション研究会 無料説明会 受講DVD／CD」(約一六〇分)

価格 DVD 三〇〇〇円(送料込)／CD 二〇〇〇円(送料込)

※お申込み確認後、約一〇日で代金引換にてお届けいたします。

■以上、「オプション研究会」、DVD／CDに関するお問い合わせは、

㈱日本インベストメント・リサーチ「オプション研究会」担当：山内・稲垣・関
TEL：〇三（三二九一）七二九一　FAX：〇三（三二九一）七二九二
Eメール：info@nihoninvest.co.jp

「国家破産　資産シミュレーション」サービス開始

古今東西、あらゆる国家破産は、事実上国民の財産によって清算されてきました。まさに「国家破産とはすなわち国民破産」なのです。しかしながら、すべての国民の資産が国家破産によって無価値になり、あるいは国家に収奪されるわけではありません。破綻国家をつぶさに調べていくと、価値が失われにくい資産がどのようなものかがはっきりと見えてきます。そうした情報を上手に使って、適切な対策を講じることで影響を少なくすることができるのです。

日本の財政危機は、コロナ禍による財政出動を通じてさらに加速し、いよい

よ最終局面に突入しつつあります。資産防衛の対策を講じるために、残された時間はわずかと言えます。しかしながら、漠然と「個人財産が危機にさらされる」と言っても、実感がわかないのが率直なところでしょう。また、何から手を付ければいいのかも、なかなか見当がつかないことと思います。

そこで、第二海援隊一〇〇％子会社の「日本インベストメント・リサーチ」にて、新たなサービスとなる「国家破産　資産シミュレーション」を開始いたしました。第二海援隊グループの二五年以上にわたる国家破産研究に基づいたノウハウを活用し、個々人の資産現況から国家破産時にどのような影響を受け、資産がどの程度ダメージを受けるのかのシミュレーションを算出いたします。またご希望に応じて、「日本インベストメント・リサーチ」スタッフによるシミュレーションの詳細説明や、実行すべき資産防衛対策のご提案も行ないます。

◆「国家破産　資産シミュレーション」実施概要

実施期間：二〇二三年九月一日～二〇二四年三月三一日（期間延長あり）

費用：二万円　（当社各クラブの会員様は別途割引あり）

〈シミュレーションの流れ〉

1．お客様の現在の資産状況をご提出いただきます。

2．国家破産の状況を「最悪時」と「ソフトランディング時」に場合分けし、それぞれでお客様の資産がどのように変化するか、シミュレーション結果をお返しします。

3．合わせて、どのような対策に着手すべきかをご提案します。

4．ご希望に応じて、評価結果や対策について、スタッフが対面（または電話等）にて説明いたします。

注記：お預かりした資産関連の情報は、シミュレーション目的のみに使用し、またシミュレーション後は原則として情報を破棄します。

国家破産対策において重要なことは、まずはなにより「現状を知ること」、そして次に「どの対策を講じるか」を定めることにあります。「国家破産　資産シミュレーション」は、その第一歩をより確かに踏み出す助けとなるでしょう。

ぜひとも、奮ってご活用をご検討ください。

■詳しいお問い合わせは「㈱日本インベストメント・リサーチ」

TEL：〇三（三二九一）七二九一　FAX：〇三（三二九一）七二九二

Eメール：info@nihoninvest.co.jp

厳しい時代を賢く生き残るために必要な情報を収集するために

◆〝恐慌および国家破産対策〟の入口「経済トレンドレポート」

電子版も好評配信中！

皆様に特にお勧めしたいのが、浅井隆が取材した特殊な情報をいち早くお届けする「経済トレンドレポート」です。今まで、数多くの経済予測を的中させてきました。そうした特別な経済情報を年三三回（一〇日に一回）発行のレポートでお届けします。初心者や経済情報に慣れていない方にも読みやすい内容で、新聞やインターネットに先立つ情報や、大手マスコミとは異なる切り口からまとめた情報を掲載しています。

さらにその中で、恐慌、国家破産に関する『特別緊急警告』『恐慌警報』『国家破産警報』も流しております。「激動の二一世紀を生き残るために対策をしなければならないことは理解したが、何から手を付ければよいかわからない」「経済情報をタイムリーに得たいが、難しい内容には付いて行けない」という方は、最低でもこの経済トレンドレポートをご購読下さい。年間、約四万円で生き残るための情報を得られます。また、経済トレンドレポートの会員になられますと、当社主催の講演会など様々な割引・特典を受けられます。

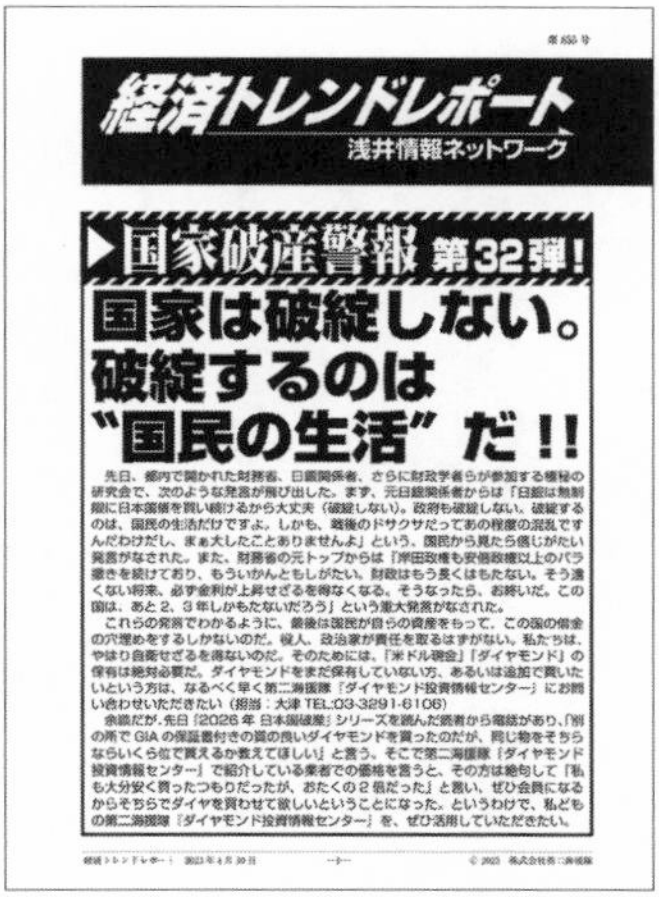
経済トレンドレポート
浅井情報ネットワーク

▶国家破産警報 第32弾!

国家は破綻しない。破綻するのは"国民の生活"だ!!

先日、都内で開かれた財務省、日銀関係者、さらに財政学者らが参加する極秘の研究会で、次のような発言が飛び出した。まず、元日銀関係者からは「日銀は無制限に日本国債を買い続けるから大丈夫（破綻しない）。政府も破綻しない。破綻するのは、国民の生活だけですよ。しかも、戦後のドサクサだってあの程度の混乱ですんだわけだし、まぁ大したことありませんよ」という、国民から見たら信じがたい発言がなされた。また、財務省の元トップからは「岸田政権も安倍政権以上のバラ撒きを続けており、もういかんともしがたい。財政はもう長くはもたない。そう遠くない将来、必ず金利が上昇せざるを得なくなる。そうなったら、お終いだ。この国は、あと2、3年しかもたないだろう」という重大発言がなされた。

これらの発言でわかるように、最後は国民が自らの資産をもって、この国の借金の穴埋めをするしかないのだ。役人、政治家が責任を取るはずがない。私たちは、やはり自衛せざるを得ないのだ。そのためには、「米ドル現金」「ダイヤモンド」の保有は絶対必要だ。ダイヤモンドをまだ保有していない方、あるいは追加で買いたいという方は、なるべく早く第二海援隊「ダイヤモンド投資情報センター」にお問い合わせいただきたい（担当：大津 TEL:03-3291-6106）

余談だが、先日『2026年 日本国破産』シリーズを読んだ読者から電話があり、「別の所でGIAの保証書付きの質の良いダイヤモンドを買ったのだが、同じ物をそちらならいくら位で買えるか教えてほしい」と言う。そこで第二海援隊「ダイヤモンド投資情報センター」で紹介している業者での価格を言うと、その方は絶句して「私も大分安く買ったつもりだったが、おたくの2倍だった」と驚い、ぜひ会員になるからそちらでダイヤを買わせて欲しいということになった。というわけで、私どもの第二海援隊「ダイヤモンド投資情報センター」を、ぜひ活用していただきたい。

2023年4月30日号

経済トレンドレポート
浅井情報ネットワーク

▶国家破産警報 第34弾!

この小康状態（2023～24年）の後に巨大な衝撃がやってくる!!その時期は2025～2026年頃か!?

昨年と違い、今年は日本国債といい為替（ドル／円）といい、小康状態が続いている。しかし、これはあくまでも嵐の前の静けさといってよい。

政府の借金は着実に増えており、改善する気配は全くない。日銀が、国債の貸し出しをやめて海外勢が売りをしづらくしているから国債が売られないだけで、基本的構造に何の変化もない。マグマだけが静かに不気味に溜まって行く。この状況は短くて1年、長ければ2年は続くだろう。

次に危機がくるとすれば、それは為替が発端となることだろう。何かのキッカケでドル／円は160円を突破するはずだ。その時期は、2025年頃か。原因は台湾有事か、天災（南海トラフか首都直下型大地震、または富士山大噴火）となる可能性が高い。ドル／円は160円を超えた後、一気に200円または260円まで行くだろう。そうなれば、輸入インフレが国内を襲い、金利が上がらざるを得なくなる。事態がここまでくると日銀がいくら買っても国債は暴落せざるを得なくなり、一瞬で国家破産状況へ進むことになる。ただ、理論上は日銀は無制限に国債を買えるので、それを実行した場合、金利は上昇しないがインフレは止まらなくなり、円は紙キレとなる。いずれにせよ、この小康状態の間に最後の準備（米ドルの現金備蓄とダイヤモンドの買い増し）をするべきだ。

2023年5月30日号

「経済トレンドレポート」は情報収集の手始めとしてぜひお読みいただきたい。

■詳しいお問い合わせ先は、㈱第二海援隊　担当：島崎
TEL：〇三（三二九一）六一〇六　FAX：〇三（三二九一）六九〇〇
Eメール：info@dainikaientai.co.jp
ホームページアドレス：http://www.dainikaientai.co.jp/

◆浅井隆のナマの声が聞ける講演会

著者・浅井隆の講演会を開催いたします。二〇二三年は大阪・九月二九日（金）、東京・一〇月六日（金）、福岡・一〇月一三日（金）、名古屋・一〇月二〇日（金）で予定しております。経済の最新情報をお伝えすると共に、生き残りの具体的な対策を詳しく、わかりやすく解説いたします。

活字では伝えることのできない、肉声による貴重な情報にご期待下さい。
■詳しいお問い合わせ先は、㈱第二海援隊
TEL：〇三（三二九一）六一〇六　FAX：〇三（三二九一）六九〇〇
Eメール：info@dainikaientai.co.jp

他にも第二海援隊独自の〝特別情報〟をご提供

◆「ダイヤモンド投資情報センター」

現物資産を持つことで資産保全を考える場合、小さくて軽いダイヤモンドは持ち運びも簡単で、大変有効な手段と言えます。近代画壇の巨匠・藤田嗣治は太平洋戦争後、混乱する世界を渡り歩く際、資産として持っていたダイヤモンドを絵の具のチューブに隠して持ち出し、渡航後の糧にしました。金《きん》（ゴールド）だけの資産防衛では不安という方は、ダイヤモンドを検討するのも一手でしょう。しかし、ダイヤモンドの場合、金《きん》とは違って公的な市場が存在せず、専門の鑑定士がダイヤモンドの品質をそれぞれ一点ずつ評価して値段が決まるため、売り買いは金《きん》に比べるとかなり難しいという事情があります。そのため、信頼できる専門家や取り扱い店と巡り合えるかが、ダイヤモンドでの資産保全の成否のわかれ目です。

そこで、信頼できるルートを確保し業者間価格の数割引という価格での購入が可能で、GIA（米国宝石学会）の鑑定書付きという海外に持ち運んでも適正価格での売却が可能な条件を備えたダイヤモンドの売買ができる情報を提供いたします。

ご関心がある方は「ダイヤモンド投資情報センター」にお問い合わせ下さい。

■お問い合わせ先：㈱第二海援隊　TEL：〇三（三二九一）六一〇六　担当：大津

◆『浅井隆と行くニュージーランド視察ツアー』

南半球の小国でありながら独自の国家戦略を掲げる国、ニュージーランド。ロシアのウクライナ侵攻で世界中が騒然とする中、この国が今、「世界で最も安全な国」として脚光を浴びています。核や自然災害の脅威、資本主義の崩壊に備え、世界中の大富豪がニュージーランドに広大な土地を購入し、サバイバル施設を建設しています。さらに、財産の保全先（相続税、贈与税、キャピタルゲイン課税がありません）、移住先としてもこれ以上の国はないかもしれません。

そのニュージーランドを浅井隆と共に訪問する、「浅井隆と行くニュージーランド視察ツアー」を開催しております（次回は二〇二三年一一月に予定しております）。現地では、浅井の経済最新情報レクチャーもございます。内容の充実した素晴らしいツアーです。ぜひ、ご参加下さい。

■お問い合わせ先：㈱第二海援隊　TEL：〇三（三二九一）六一〇六　担当：大津

◆第二海援隊ホームページ

第二海援隊では様々な情報をインターネット上でも提供しております。詳しくは「第二海援隊ホームページ」をご覧下さい。私ども第二海援隊グループは、皆様の大切な財産を経済変動や国家破産から守り殖やすためのあらゆる情報提供とお手伝いを全力で行ないます。

また、浅井隆によるコラム「天国と地獄」を連載中です。経済を中心に長期的な視野に立って浅井隆の海外をはじめ現地生取材の様子をレポートするなど、独自の視点からオリジナリティあふれる内容をお届けします。

■ホームページアドレス：http://www.dainikaientai.co.jp/

第二海援隊
HPはこちら

〈参考文献〉

【新聞・通信社】
『日本経済新聞』『朝日新聞』『読売新聞』『北海道新聞』
『ブルームバーグ』『ロイター』『フィナンシャル・タイムズ』

【書籍】
『混迷の国ベネズエラ潜入記』（北澤 豊雄著　産業編集センター）

【拙著】
『2026年日本国破産〈突撃レポート編〉』（第二海援隊）
『2026年日本国破産〈あなたの身に何が起きるか編〉』（第二海援隊）
『2026年日本国破産〈対策編・下〉』（第二海援隊）
『2025年の大恐慌』（第二海援隊）
『国家破産ベネズエラ突撃取材』（第二海援隊）
『預金封鎖、財産税、そして10倍のインフレ〈上・下〉』（第二海援隊）
『国家破産で起きる36の出来事』（第二海援隊）
『2015-16年国家破産パニック』（第二海援隊）
『2014年日本国破産　警告編』（第二海援隊）
『2014年日本国破産　衝撃編』（第二海援隊）
『この国は95%の確率で破綻する』（第二海援隊）
『オレが香港ドルを暴落させる　ドル／円は150円経由200円へ！』（第二海援隊）
『ギリシャの次は日本だ！』（第二海援隊）

【その他】
『報道1930』『文藝春秋』『日経ビジネス』『エコノミスト』
『経済トレンドレポート』『ロイヤル資産クラブレポート』

【ホームページ】
フリー百科事典『ウィキペディア』
『内閣府』『日本銀行』『JETRO』『ウォール・ストリート・ジャーナル』
『フォーブス』『時事通信』『現代ビジネス』『ダイヤモンドオンライン』
『プレジデントオンライン』『大和総研』『BSテレ東』
『GNV（Global News View）』『iFinance（エフ・ブイ・ゲート）』
『FBC Business Consulting GmbH』

〈著者略歴〉

浅井　隆　（あさい　たかし）

経済ジャーナリスト。1954 年東京都生まれ。学生時代から経済・社会問題に強い関心を持ち、早稲田大学政治経済学部在学中に環境問題研究会などを主宰。一方で学習塾の経営を手がけ学生ビジネスとして成功を収めるが、思うところあり、一転、海外放浪の旅に出る。帰国後、同校を中退し毎日新聞社に入社。写真記者として世界を股にかける過酷な勤務をこなす傍ら、経済の猛勉強に励みつつ独自の取材、執筆活動を展開する。現代日本の問題点、矛盾点に鋭いメスを入れる斬新な切り口は多数の月刊誌などで高い評価を受け、特に 1990 年東京株式市場暴落のナゾに迫る取材では一大センセーションを巻き起こす。
その後、バブル崩壊後の超円高や平成不況の長期化、金融機関の破綻など数々の経済予測を的中させてベストセラーを多発し、1994 年に独立。1996 年、従来にないまったく新しい形態の 21 世紀型情報商社「第二海援隊」を設立し、以後約 20 年、その経営に携わる一方、精力的に執筆・講演活動を続ける。
主な著書：『大不況サバイバル読本』『日本発、世界大恐慌！』（徳間書店）『95 年の衝撃』（総合法令出版）『勝ち組の経済学』（小学館文庫）『次にくる波』（PHP 研究所）『Human Destiny』（『9・11 と金融危機はなぜ起きたか !?〈上〉〈下〉』英訳）『いよいよ政府があなたの財産を奪いにやってくる !?』『徴兵・核武装論〈上〉〈下〉』『最後のバブルそして金融崩壊『国家破産ベネズエラ突撃取材』『都銀、ゆうちょ、農林中金まで危ない !?』『巨大インフレと国家破産』『年金ゼロでやる老後設計』『ボロ株投資で年率 40％も夢じゃない !!』『2030 年までに日経平均 10 万円、そして大インフレ襲来 !!』『コロナでついに国家破産』『老後資金枯渇』『2022 年インフレ大襲来』『2026 年日本国破産〈警告編〉〈あなたの身に何が起きるか編〉〈現地突撃レポート編〉〈対策編・上／下〉』『極東有事――あなたの町と家族が狙われている！』『オレが香港ドルを暴落させる　ドル / 円は 150 円経由 200 円へ！』『巨大食糧危機とガソリン 200 円突破』『2025 年の大恐慌』『1 ドル＝ 200 円時代がやってくる !!』『ドル建て金持ち、円建て貧乏』『20 年ほったらかして 1 億円の老後資金を作ろう！』『投資の王様』（第二海援隊）など多数。

国家破産ではなく国民破産だ！〈上〉

2023 年 8 月 10 日　初刷発行

著　者　浅井　隆
発行者　浅井　隆
発行所　株式会社　第二海援隊
〒 101-0062
東京都千代田区神田駿河台２-５-１　住友不動産御茶ノ水ファーストビル８Ｆ
電話番号　03-3291-1821　　ＦＡＸ番号　03-3291-1820

印刷・製本／株式会社シナノ

　ISBN978-4-86335-235-3

Printed in Japan

第二海援隊発足にあたって

日本は今、重大な転換期にさしかかっています。にもかかわらず、私たちはこの極東の島国の上で独りよがりのパラダイムにどっぷり浸かって、まだ太平の世を謳歌しています。

しかし、世界はもう動き始めています。その意味で、現在の日本はあまりにも「幕末」に似ているのです。ただ、今の日本人には幕末の日本人と比べて、決定的に欠けているものがあります。それこそ、志と理念です。現在の日本は世界一の債権大国（＝金持ち国家）に登り詰めはしましたが、人間の志と資質という点では、貧弱な国家になりはててしまいました。それこそが、最大の危機といえるかもしれません。

そこで私は「二十一世紀の海援隊」の必要性を是非提唱したいのです。今日本に必要なのは、技術でも資本でもありません。志をもって大変革を遂げることのできる人物と、それを支える情報です。まさに、情報こそ〝力〟なのです。そこで私は本物の情報を発信するための「総合情報商社」および「出版社」こそ、今の日本に最も必要と気付き、自らそれを興そうと決心したのです。

しかし、私一人の力では微力です。是非皆様の力をお貸しいただき、二十一世紀の日本のために少しでも前進できますようご支援、ご協力をお願い申し上げる次第です。

浅井　隆